100명의 **사랑** 그리고 100개의 **삶**

# 우주의 점, 별을 그리다

## 감사의 기록

정말 운이 좋았다.
이 말의 의미는 도와주신 분들이 정말 많았다는 뜻이다.
세 번째 기록을 밖으로 꺼내준
담다 출판사 윤슬 대표님.
기록을 잘 포장해 주신 최이정 팀장님.
멋진 그림을 꾸준히 재능기부해 준 구름이.
기꺼이 시간을 내어 작업해 준 디자이너 요나.
뵌 적은 없지만 따스함으로 작업해 주신
김민지님.
여름 안부의 단어를 빌려준 장재영님.
텀블러 응원으로 큰 힘을 준 애봉쌤.
매일 출간 안부를 물어준 운동인 현희님,
철인 은숙님, 러너 정미님. 부자언니 경숙님.
드림왕자 청기님. 효재님. 제헌님.
없어서는 안 될 매의 눈 지윤님.
항상 기도해 준 나의 목자 인혜님.
정신적 지주인 다섯시의 남자 박성주선배님.
가족 같은 오도리회원들.
그리고 친애하는 나의 가족들.
가장 멋있고 든든한 내편 그렇지만
남에게 더 친절한 남편 오세훈님.
기록하는 내내 쏟아낸 한숨을
기도로 응답해 주신 주님께
모든 감사를 올려드립니다.

100명의 사랑 그리고 100개의 삶
# 우주의 점, 별을 그리다

초판 1쇄 발행 | 2025년 9월 30일

지은이 | 이기영
펴낸이 | 김수영

경영지원 | 최이정 · 박성주
마케팅 | 박지윤 · 여원
브랜딩 | 박선영 · 장윤희
교정 · 교열 | 김민지
디자인 | 이요나

펴낸 곳 | 담다
출판등록 | 제25100-2018-2호 (2018년 1월 9일)
주소 | 대구광역시 달서구 문화회관길 165, 대구출판산업지원센터 402호
이메일 | damdanuri@naver.com
인스타 | @damda_book
블로그 | blog.naver.com/damdanuri

ISBN 979-11-89784-57-7 (03810)

- 책값은 뒤표지에 표시되어 있습니다.
- 이 책의 판권은 지은이와 도서출판 담다에 있습니다.
- 이 책 내용의 전부 또는 일부를 재사용하려면 반드시 양측의 서면 동의를 받아야 합니다.

> 도서 출판 담다는 생각과 마음을 담은 원고 투고를 기다리고 있습니다.
> 작가의 꿈을 이루고 싶은 분은 이메일 damdanuri@naver.com으로 출간기획서와 원고를 보내주세요.

도서출판담다

100명의 사람 그리고 100개의 삶

# 우주의 점, 별을 그리다

글 · 이기영

담다

프롤로그 여름 안부

봄은 위대했고, 여름은 낭만적이었으며, 가을은 웅장했고, 겨울은 숭고했다.

수십 번의 계절을 지나며 배우자와 가족에게 여름 안부를 물었다.

그리고 지금까지 만난 100인에게 세 번째 여름 안부를 묻고 있다.

광활한 우주 같은 세상에서 나는 점과 같은 존재였다. 내가 안고 있는 현실, 생각 그리고 사람도 모두 작은 곳에서 찍혀 나와 함께 하나의 삶을 그려 냈다.

저마다의 모양으로 빛을 내며 세상에 맞서기도 하고 사람에게 맞서기도 했다. 그렇게 지나오는 길목마다 마주하는 순간이 계속 생겨났다.

누구보다 잘 안다고 자부했던 사람은 반전을 거듭하기도 하고, 아이들은 매일매일 성장의 기록을 세웠다. 같은 여자지만 여자는 알수록 신비롭기만 했다. 가끔 철없는 실수로 상처받은 사람들을 떠올리며 죄책감 느끼기도 하고, 서로 하나로 이어져 있지만 절대 이해할 수 없는 관계도 있었다. 지구 밖에만 존재할 것 같은 유별난 사람도 있었으며, 차마 위로조차 할 수 없는 아픔을 가진 채 혼자 남겨진 이들도 있었다. 그럼에도 세상은 여러 개의 얼굴로 둥글게 둥글게 굴러갔다.

사람은 그저 찰나의 순간을 그럴듯하게 꾸며 댈 수 있지만 삶은 그렇지 못했다.
삶 또한 위대했고, 낭만적이었으며, 웅장했고, 숭고했다.

세 번째 여름 안부를 물으며, 우리 안에서 한 번쯤 마주할 수 있는 100개의 별을 담아 보았다.
부디, 끝까지 빛이 나길 바란다.

2025년 여름,
기록디자이너 **이기영**

프롤로그 **여름 안부** 10

## PART 1. 세상

### Chapter 1. 오늘

오늘, 열심히 살다 21
하루의 끝에 매달리다 23
눈치도 언어다 25
잠시 요행을 꿈꾸다 26
엄청난 의미를 두고 버티는 건 아니다 29
하나씩 하나씩 쌓을 뿐이다 31
용기와 광기가 만나다 33
땅만 보고 걷던 자가 앞을 보며 뛰다 35
최선이 최고가 되다 38
가슴에 박힌 태극기가 명함이 되다 41

### Chapter 2. 그땐

그땐, 이해할 수 없었다 45
혼자만의 세계에 살고 있었다 47
알레르기에 맞섰다 49
우리도 예쁘지 않았다 50
이방인은 그런 이름을 가지지 않았다 51
그 자리가 더 탐나 보였다 53
축구는 알지만, 축구장은 몰랐다 55
흡연은 그녀의 모든 것이었다 57
한 잔의 술이 한 올의 실밥을 풀었다 59
피해자가 있으면 수혜자도 있다 61

# Chapter 3. 지구

지구, 밖에서 삶을 외치다  65
숫자 2를 새기다  66
뉴요커가 있다  67
슈퍼 카를 빼앗길 뻔하다  69
오이로 세상을 보다  71
먼 우주로 떠났다  73
그들만의 세상이 있다  76
밥솥만 남는다  79
독특한 환경운동을 하다  82
도시의 추억 부자가 있다  84

# Chapter 4. 비창

비창, 남겨진 자들이 있다  91
빗속에 갇히다  92
익숙함도 잊힌다  93
사라진 안부가 되다  95
식탁 아래 쭈그리고 앉아 울다  98
혼자 남겨지는 게 싫다  101
다시 펴 보다  103
꾸역꾸역 삶을 눌러 오다  105
다른 그림으로 포개지다  108
별이 되다  110

## Chapter 5. **세상**

세상, 지금도 둥글게 굴러간다  115
반전의 얼굴을 보여 주다  116
통장 잔고 850원, 희망을 남기다  118
언제나 내 편이 되어 주다  120
알 수 없는 표정을 짓다  121
틈 사이로 힘껏 빛이 밀고 들어오다  125
또 다른 문을 열어 놓다  127
우리를 이곳에 남겨 두다  128
행운의 퍼즐 조각을 맞춰 나가다  130
빚 갚을 기회를 주다  133


## PART 2. **사람**

## Chapter 6. **우리**

우리, 많이 미안해하고 있다  139
그 정도의 만남이었다  141
문과적인 정산을 했다  143
타인의 시선이 가장 두려웠다  146
하나를 보고 열을 아는 체했다  150
구린 영어를 더 부끄러워했다  154
강강약강을 방관했다  157
사기는 처음이었다  160
은밀한 침입자였다  163
아직도 무임승차자다  166

## Chapter 7. 여자

여자, 보이는 게 전부가 아니다  171
전쟁은 사소한 곳에서 발발한다  172
절대 강자는 신흥 세력에 밀린다  173
당장 죽어도 좋다는 말을 믿었다  175
스캔들로 얼룩졌다  177
승자도 패자도 없다  180
돈이 가장 예쁘다  182
미모는 나이를 구분하지 못한다  184
목숨보다 여자가 먼저다  186
진짜를 원한다  188

## Chapter 8. 아이

아이, 새로운 한 줄을 남긴다  193
뒤에서 갑을 평행을 이루다  195
선생님은 술집 여자다  197
마음을 남겨 오다  199
패션을 꺾다  201
잼민이를 정의하다  203
암산 중에 떨어진 먹물 한 방울을 보다  205
첫 삼월에 꽃을 피우다  207
폭설을 지나다  209
매일 자라고, 꺾이고, 또 자란다  212

# Chapter 9. 당신

당신, 어느 정도 안다고 생각했다 217
대륙의 힘을 가지다 219
도가 지나쳤다 221
영어보다 영업에 능통하다 224
별 볼 일 없는 면접을 보다 226
불변의 법칙이 통하다 227
좋아하는 것과 잘하는 것은 다르다 229
자기 홍보 시대의 과도기를 겪다 231
글로벌 파티시에와 함께 일하다 232
스무 살에 요절할 것이다 234

# Chapter 10. 어른

어른, 혼자서 되는 게 아니다 239
숫자보다 행동으로 말하다 241
못 본 게 아니라 안 본 것이다 243
한 뼘 더 큰 사람이다 246
청년을 건너뛰다 248
그냥 하루를 살아가다 250
작은 구멍에서 큰 그림을 보다 251
돌아온 탕자를 바로 세우다 253
값없이 내어 주다 255
롤 모델이 되다 257

에필로그 여름 낭만 259

# PART 1.
## 세상

## Chapter 1.
## 오늘

## 오늘, 열심히 살다

단골 주유소가 있다. 사장님은 항상 이렇게 외치며 등장한다.
"빵긋! 빵긋! 얼마나 주유해 드릴까요?"
"4만 원이요."
"빵긋! 빵긋! 휘발유 4만 원어치 들어갑니다."
그리고 이 사장님만의 특별한 생존법이 있다. 한때 사회적으로 화두가 되었던 법무부 장관이 있었다. 주변에는 그를 지지하는 사람들과 반대하는 사람들이 맞물려 있었다.
"빵긋! 빵긋! 조국! 조국!"
그럴 때마다 손님의 얼굴이 화사하게 퍼지면 그는 더 신이 나서 외쳤다.
"조국! 조국! 좋은 하루 보내세요!"
그와 반대로 손님의 얼굴이 완전히 일그러지면 그는 빠르게 태세 전환했다.
"조국! 조국!"
"네?"
"물러가라! 물러가라!"
그는 이렇게 하루하루 자신만의 처세술로 오늘도 빵긋 주유소를 잘 운영하고 있다. 하지만 최근 들어 주유소에 가는 일이 썩 유쾌하지 않아 그에게 하소연하듯 말했다.

"사장님은 이 고유가 시대에 돈을 많이 버니까 빵긋빵긋할 수 있겠지만, 저는 올 때마다 빵긋하기가 힘들어요."

그러자 사장님은 카드와 영수증을 손에 꼭 쥐고 이렇게 외쳤다.

"저도 힘들어요. 기름이 비싸면 손님이 안 와요. 그래도 어쩌겠어요. 오늘도 빵긋빵긋해야죠."

## 하루의 끝에 매달리다

퇴근 시간, 낯선 번호로 전화가 왔다.
"여보세요?"
"안녕하세요? 이기영 고객님이시죠? 저는 ○○○보험 상담사입니다."

활기찬 그녀의 목소리는 불타는 금요일은커녕 번아웃 금요일을 맞고 있던 나를 더 기운 빠지게 했다. 나는 멍하니 전화기를 들고 있었고, 그녀는 아랑곳하지 않고 보험 설명을 이어 갔다. 은근슬쩍 거절할 타이밍을 엿보며 계속 듣고만 있다가 문득 그녀에게 작은 연민이 생겼다.

'금요일 저녁에 퇴근 시간도 훨씬 지났는데 당신도 참 고생이 많네요. 혹시 실적을 채우지 못해 이러고 있나요? 당신의 하루도 호락호락하지 않은 것 같군요.'

"고객님, 월 1만 원으로 추가 암보험 어떠세요?"

그때 마무리 멘트가 날아오고 정중히 거절할 시간이 왔다. 하지만 나는 힘든 하루 끝에 겨우 매달려 있는 그녀를 차마 밀어낼 용기가 없었다.

"저기, 제가 지금 너무 피곤해서 아무것도 들리지 않는데요. 혹시 내일 다시 전화 주실 수 있나요?"

말을 던지고 보니 내일은 토요일이었다.

'아, 고객님. 내일은 토요일이라서요. 혹시 주말 지나고 월요일에 다시 전화해도 될까요?'

이런 식의 대답을 예상했지만, 그녀의 답변은 의외였다.

"네, 고객님. 내일 1시쯤 다시 전화하겠습니다."

안타깝게도 그녀는 내일이 토요일인지 모르는 듯했다. 나는 자포자기한 상태였고 실수를 바로잡을 기운조차 없었다.

'설마, 주말에 전화를 하겠어?'

토요일 오후 1시, 그녀는 시간을 지켜 전화했다. 월 1만 원짜리 계약을 위해 쉬는 날인데도 출근한 것 같았다.

"안녕하세요, 고객님? 어제 전화했던…."

그날 나는 그녀가 소개한 월 1만 원짜리 든든한 암보험에 가입했다.

2년 후, 건강검진에서 갑상샘 결절이 발견되어 그동안 가입한 보험을 다시 살펴보았다. 그랬더니 유독 그녀에게 가입한 보험에 가장 많은 진단비가 책정되어 있었다.

## 눈치도 언어다

한의원에 갔다. 물리치료를 하던 중 옆 침대에서 할머니와 한의사가 대화하는 소리가 들렸다.

"할머님, 허리는 좀 어떠세요?"

"아이고 마, 밤새 쎄하고 우리하이 엄청시리 마집디더."

같은 지역에 사는 나도 도통 무슨 말인지 알아들을 수 없는데 충청도 출신인 한의사는 오죽할까 싶었다. 하지만 이곳에서 오랫동안 많은 환자를 살핀 까닭인지 여유가 있었다. 할머니의 말이 끝나자마자 그는 이렇게 대답했다.

"아, 많이 아프셨다는 말씀이죠?"

## 잠시 요행을 꿈꾸다


고등학교 3학년이 되었다. 우리나라에서 '3'이라는 숫자는 타인의 입에서 나올 때 무게감이 더 커진다. 정작 당사자는 아무렇지 않은 어제와 오늘인데, 주변에서 꼭 이렇게 말한다.

"너도 이제 초3, 중3, 고3."

"너도 이제 서른, 서른, 서른."

공부는 하기 싫으면서 좋은 대학에는 가고 싶었고, 크게 노력하지 않으면서 주변에서 내가 듣고 싶은 말만 해 주길 바랐다.

"너는 ○○대학교에 합격할 거야."

공부보다 그런 말이 더 듣고 싶었던 날, 친구와 나는 야간자율학습을 땡땡이치기로 했다. 탈출구는 우리가 듣고 싶은 말을 가장 속 시원하게 해 줄 곳, 바로 철학관이었다.

"어디가 유명하지?"

"달성공원 같은 데 가면 철학관 많다던데?"

우리는 무작정 버스를 타고 달성공원으로 향했다. 친구 말대로 공원에는 철학관이 즐비했다.

"어디가 좋을까?"

"글쎄? 일단 한번 둘러보자."

우리는 길게 늘어선 철학관의 관상을 보기 시작했다. 마침 영화 〈반지의 제왕〉 속 간달프처럼 생긴 할아버지가 하얀 옷에 가슴팍까지 내려온 수염을 쓸어내리고 있었다. 우리는 그에게 이끌렸다. 일단 한쪽 발만 철학관에 내딛고 물었다.

"할아버지, 여기 얼마예요?"

"뭐가 궁금한데?"

"저희 미래요."

"그럼 각자 만 원씩 내."

우리는 생기가 돌았고 한 명씩 쪼르르 안으로 들어가 그의 앞에 앉았다.

"이름, 생년월일."

"음, 사주는 천복을 타고났구나."

"이름, 생년월일."

"음, 너도 천복을 타고났구나."

똑같은 말만 하는 그에게 점점 신뢰가 사라져 갔다. 저런 말은 누구나 할 수 있는 말이며, 우리가 듣고 싶은 말도 아니었다.

"저, 대학은 어떻게 될까요?"

"음, 대학은 반반이야."

"그럼 저도 반반인가요?"

"너도 반반이야. 너희 모두 대학은 애매해."

감히 누구도 우리에게 던지지 못한 돌을 그는 아무렇지 않게 던졌다. 그의 말대로 우리의 성적은 진짜 반반이었다. 그런데 그 반반 인생조차 열심히 살지 못하고 이곳에 온 것이다.

대신 타고난 사주팔자가 나머지를 채워 주길 바랐다. 우리는 열심히 살지 않아도 성공할 수 있다는 말을 듣고 싶었다. 하지만 안타깝게도 타고난 천복도 거기까지는 가지 못했다. 그제야 우리는 현실을 직시하게 되었다.

## 엄청난 의미를 두고 버티는 건 아니다

"선생님! 이 문장을 우리 반 아이들에게 그렇게 설명하시면 안 되죠."

B는 선을 넘었고, A는 선을 그었다. 두 사람의 날 선 대화가 회의실을 싸늘하게 만들었다. 둘이 해결해도 될 문제를 굳이 회의실까지 끌고 들어오는 B의 습관성 도발이었다.

팀장인 A는 세상 물정을 잘 모르는 사람이었다. 금융에 관해서는 월급밖에 몰랐으며, 인터넷 뱅킹도 하지 않았다. 그런 그녀가 대형 학원의 팀장이 된 것은 장기 근속자이기도 하고, 항상 밝고 싹싹한 모습으로 사람들을 대하기 때문이다. 그녀는 팀장 수당으로 동료들에게 커피를 사기도 하고, 수업에 지친 강사들의 책상에 간식을 두는 세심함도 보였다. 원장과 강사들 사이에서 서글서글하게 유동적인 역할을 해냈으며, 누구보다도 강사들의 고충을 잘 이해하고 공감해 주었다. 하지만 강사들과 사적인 교류는 하지 않았다. 좋은 사람이었지만 가까워지기 힘든 사람이었다.

다음 날, 텅 빈 복도를 또각또각 울리며 걸어오는 A의 구두 소리가 출근을 알렸다. B는 먼저 출근해 있었다. 둘 사이에는 어제 일로 냉랭한 기운이 감돌았다.

"안녕하세요, 선생님! 라테 한 잔 드실래요?"

"아니요, 저는 괜찮습니다."

"커피가 없네요. 제가 한 잔 살게요."

A는 마치 아무 일 없었다는 듯 가방에서 지갑을 꺼내 1층 카페로 향했다. 나는 얼떨결에 그녀를 따라나섰다.

"어제 두 분이 잘 푸셨나 봐요?"

"뭘요?"

"어제 회의실에서…."

"아니요, 전혀요."

A는 알 수 없는 미소를 짓더니 아무 대답도 하지 않았다. 그리고 커피를 주문한 뒤 입을 열었다.

"선생님! 저는 여기에 돈 벌러 온 거예요."

나는 다른 세계에 사는 그녀를 멀뚱히 쳐다보았다. 마침 주문한 음료가 나오고, 그녀는 빨대로 크게 한 모금 들이켜며 말을 이었다.

"선생님! 저는 이 나이 먹도록 할 수 있는 일이 이것밖에 없어요. 그래서 매일 열심히 일하고, 최선을 다해요. 집에 가는 힘만 딱 남겨 놓죠. 집으로 가는 버스를 타는 순간 여기 일은 다 잊어버려요. 그리고 집에 가서 엄마가 해 주는 저녁을 먹고, 강아지들 산책시키러 나가요. 이렇게 이것저것 하다 보면 저도 모르게 하루가 지나가요. 그리고 다음 날 내가 좋아하는 옷 입고 다시 출근하는 거예요."

나는 그녀의 말을 한참 곱씹어 보았다.

그러다 가끔은 A의 그런 일차원적인 이유가 나에게도 이 사회를 버티는 이유가 된다는 걸 깨달았다.

## 하나씩 하나씩 쌓을 뿐이다

 친구들과 보라카이에 갔다. 섬에 도착한 우리는 길거리 미용실에서 각각 한화로 3,000원을 주고 레게 머리를 했다. 인증 사진을 SNS에 올렸더니, 다른 친구들이 내 머리를 보고 알감자에 골을 내놓은 것 같다고 했다. 그래도 좋았다. 나는 이곳에서 일주일 동안 삐뚤어지기로 결심했다. 옷도 과감하게 입고 늦게까지 먹고 마시며 즐길 것이다.

 보라카이 현지인들은 우리가 한국 사람인 것을 단번에 알아보고 능숙한 한국말을 구사했다. 가는 곳마다 호객 행위가 이어졌다.

 "안녕하세요! 낙하산 타세요."

 "예쁜 언니들 마사지 받고 가요."

 여행 사흘 차 되던 날 아침에 우리는 해변을 산책했다.

 "예쁜 언니들, 오늘도 햇빛이 따가워요. 모자 사세요."

 "저희는 모자 있어요."

 "언니가 가진 모자 말고 다른 모자도 많아요."

 나는 지게에 가득 실린 100여 가지 모자보다 그의 한국어 실력에 놀랐다. 그리고 호기심이 생겼다.

 "우리는 이 모자 하나로 충분해요."

 "한국은 언제 가세요?"

"모레요."

그의 능숙한 한국어 실력에 나도 모르게 튀어나온 단어였다. 다시 영어로 말하려는데 그가 말했다.

"모레요? 이틀 남았네요."

나는 흠칫 놀랐다. 이어지는 말은 더 가관이었다.

"혹시 오늘이나 내일 놀다가 모자를 잃어버리면 사러 오세요. 사람들이 바람에 모자를 많이 잃어버려요."

"네. 그런데 한국말 정말 잘하시네요."

"몇 년 동안 매일 매일 조금씩 공부하고 있어요. 언니들, 좋은 여행 되세요."

다음 날 같은 시각, 그는 다른 외국인들에게도 뛰어난 언어 실력을 구사하며 모자를 팔고 있었다.

## 용기와 광기가 만나다

"안녕하세요. 늦은 시간에 죄송합니다. 저는 일산에 사는 김국진입니다. 뜬금없는 음성 메시지에 미친 여자가 아닐까 생각하실지도 모르겠네요. 하지만 저는 진짜 친구가 필요합니다. 저는 친구가 없거든요. 혹시 이 메시지를 듣고 저랑 친구 하실 마음이 있으시다면 메시지와 함께 번호를 남겨 주세요."

간밤에 낯선 이가 남긴 음성 메시지 때문에 아침부터 뒤숭숭했다. 다시 듣기 버튼을 눌러 듣고 또 들었다. 간절한 듯 무심한 말투, 들으면 들을수록 발끝에 닿을 듯 말 듯 긴 가지 끝에 매달려 있는 것 같았다.

꼬박 하루를 망설였다. 나쁜 사람처럼 보이지는 않았지만 그렇게 근사해 보이지도 않았다. 하필 이름도 개그맨 이름과 같아서 장난처럼 느껴졌다.

'진짜 친구가 필요한 걸까? 얘는 왜 친구가 없는 걸까? 학교에서 왕따인가?'

나는 그녀의 용기에 맞서는 광기를 발휘해 보았다.

"안녕하세요. 저는 대구에 사는 이기영입니다. 국진 씨와 같은 학년입니다. 우리 친구 해요. 제 번호를 남깁니다."

한참 메시지를 남기고 보니 뭔가 이상한 점이 있었다.

'그런데 왜 내 번호를 남기라고 하지? 자기가 먼저 전화했으

면서? 아, 뭔가 잘못 눌린 거 아니야?'

　몇 시간 후, 그녀가 음성 메시지를 남겼다. 수업 시간 내내 궁금해 발을 동동거렸다. 쉬는 시간 종이 울리자마자 학교 1층 공중전화 박스로 쏜살같이 달려갔다.

　"이기영 씨, 저랑 친구 해 줘서 고마워요. 우리 나이도 같은데 말 놓을까요? 저는 포항에서 학교 다니는데 취업반이라 실습하러 일산에 와 있어요."

　그녀에게 왜 친구가 없는지 알 것 같았다. 나는 궁금한 것을 물어보기로 했다.

　"그래, 국진아! 만나서 반가워! 그런데 내 전화번호는 어떻게 알았어?"

　"기영아, 애초에 나는 네 번호를 알지 못했어. 그냥 매일 밤 아무 번호나 막 누르고 음성 메시지를 남긴 거야. 그래서 네 번호를 남겨 달라고 부탁한 거야."

　매일 밤 계속되었던 그녀의 무모하지만 부단한 노력이 지금의 우리를 이어 준 것이다. 이후 우리는 자주 통화하고 편지도 주고받으며 연락을 이어 갔다. 그리고 수능시험을 치르고 스무 살이 된 어느 날, 우리는 중간 지점에서 만나기로 했다. 어색함에 처음에는 잠시 쭈뼛거렸지만 얼마 못 가 오래 알고 지낸 사이처럼 금세 편안해졌다. 그리고 지금까지도 그렇게 지내고 있다.

## 땅만 보고 걷던 자가 앞을 보며 뛰다

한때 부유했던 용대의 집은 IMF 직격탄을 맞으면서 가세가 완전히 기울어졌다. 영국 유학을 준비하던 그에게 부족함 없는 유학길은 닫히고 무일푼의 유학길이 열렸다. 비행깃값을 겨우 마련한 그는 많은 시행착오 끝에 영국행 비행기에 올랐다.

영국 땅을 밟자마자 당장 생활비부터 벌어야 했지만, 갓 유학 온 그에게 일자리는 쉽게 주어지지 않았다. 기껏해야 영어 실력과 상관없는 단기 일자리인 닭 공장 같은 곳이었다. 'Hi', 'Bye', 'Next' 세 마디만 반복하며 닭을 다듬는 일이다. 이마저 없으면 그저 하루하루를 생으로 버티는 수밖에 없었다. 매일 밤 울며 다짐했던 굳은 결심은 오래가지 못했고, 바닥을 치는 일이 구간 반복하듯이 계속되었다. 그러던 어느 날 고개를 숙이고 길을 가는데 바닥에 페니 한 닢이 떨어져 있었다. 그는 페니를 하나둘 줍기 시작했다. 그러다 운 좋은 날에 50센트를 주우면 빵 하나, 감자 한 개 값은 나왔다. 그때부터 용대는 바닥을 보고 다녔다.

그렇게 몇 개월을 버티다 보니 영어 실력이 쌓이면서 작은 레스토랑에 일자리를 구했다. 여전히 레스토랑에서 가져온 감자 하나, 양파 하나로 끼니를 때웠지만 가끔은 손님에게 받은 팁으로 머핀을 사 먹는 호사를 누리기도 했다.

어느 날, 사장이 그를 불러세웠다.

"가방 한번 열어 봐!"

순간 그는 쥐구멍에라도 숨고 싶었지만, 모든 걸 체념하고 조용히 가방을 열었다. 가방 안에서 감자 하나, 양파 두 개가 나왔다. 사장의 얼굴에는 황당함과 참담함이 동시에 겹쳐 있었다. 그때 용대는 자존심을 잃었고 사장은 직원을 잃었다. 사장은 두 손으로 머리를 감싸 쥔 채 침묵으로 일관했다. 그리고 결심한 듯 고개를 들었다.

"좋아, 용대. 내가 한 번 더 기회를 더 줄게. 대신 다시는 가게 물건에 손대지 않겠다고 약속해."

용대는 부지런하고 센스 있는 직원이었다. 다른 직원들보다 항상 일찍 출근하고 늦게까지 남아 테이블을 정리했다. 누가 보지 않아도 혼자서 모든 일을 척척 해냈고, 일머리가 아주 좋았다. 분명 사장도 그런 직원을 놓치고 싶지 않았을 것이다. 이건 어디까지나 그의 성실함으로 얻은 결과였다. 그 후 용대는 사장과의 약속을 끝까지 지켰고 덕분에 유학 생활도 잘 마무리할 수 있었다. 그때였을까, 깨어진 그의 마음 한편에 작은 목표가 생겼다.

'훗날 이곳을 다시 찾을 때는 내가 닦던 이 테이블에 반드시 내 명함을 놓고 오겠어.'

누구에게나 찰나의 순간 쥐어진 꿈은 놀이동산에서 운 좋게 쥐어진 풍선과 같다. 그러나 그 꿈은 누군가에 의해 금방 터지거나, 어느 순간 사라져 버린다. 하지만 용대는 찰나의 꿈을 그대로 간직했다. 그는 대학 졸업 후 중소기업에 취직했고, 그곳에서 부지런히 실무 경험을 쌓으며 출장 가는 도시마다 벤치마킹을 했다. 퇴사 후 그는 홀연히 미국으로 건너가 새로운 사업을 구축했고, 무일푼으로 시작한 영국 생활처럼 꿋꿋하게 버텨냈다. 덕분에 지금은 두바이에서 메디컬 사업을 하고 있으며, 가끔 신문에서도 볼 수 있다.

몇 년 전 출장 차 들른 영국에서 우연히 그 레스토랑에 들르게 되었다. 아쉽게도 그를 신뢰했던 사장은 볼 수 없었지만 매니저와 재회했다.

그날 용대는 찰나의 순간에 거머쥐었던 풍선을 당당히 그곳에 두고 왔다.

그리고 이제는 앞만 보며 걷는다.

## 최선이 최고가 되다

 우유 배달을 마친 기사가 수량을 기재하지 않고 나가 버렸다. 황급히 그를 따라나서며 카페 출입문에 손을 걸친 채 외쳤다.
 "기사님, 오늘 우유 수량 기재해 주셔야죠."
 그때 잠시 화장실을 빌려 쓴 손님이 수줍은 듯 굽신거리며 내 옆을 지나갔다. 그러고는 열린 출입문을 힘껏 닫아 버렸다.
 "으악!"
 중간 손가락 마지막 마디가 출입문 단면에 껴 버렸다. 기절하기 일보 직전, 나머지 소리는 뒤따라 나오지도 못하고 온전히 통증 안에 갇히고 말았다.
 하필 그날은 토요일 오후였다. 골절도 아닌데 이깟 일로 응급실까지 가는 건 조금 과한 처사라고 생각했다. 하지만 손가락 마디마디에 열기가 후끈 달아오르기 시작하더니 급기야 손 전체로 퍼져 갔다. 밤새 얼음찜질을 했지만 소용이 없었다. 제대로 쉬지 못한 채 주말을 보내고 월요일 아침이 되었다. 손가락은 이미 불어 터진 어묵처럼 퉁퉁 부어서 조금만 닿아도 식은땀이 절로 났다.
 병원문이 열리자마자 손가락부터 내밀었다.
 "아이고, 아파서 죽을 뻔했겠네요. 언제 그랬어요?"
 "토요일이요."

"그래서 이렇게 많이 부었구나."

병원 문턱을 넘은 것만으로도 이미 절반은 나은 것 같았는데, 지난밤의 고통을 단번에 알아주는 의사의 몇 마디에 벌써 다 치료된 것만 같았다.

"그런데 어쩌죠? 우리 병원에는 이 손가락을 치료할 만한 도구가 없습니다. 손톱 밑에 새까맣게 피멍 든 거 보이죠? 이걸 뽑아야 하거든요. 그런데 손톱 밑이라…."

이틀 밤을 겨우 버텼던 희망이 통째로 뽑혀 나가는 것 같았다. 의사는 잠시 뜸을 들인 후 말했다.

"조금 원시적인 방법이 있긴 한데, 한번 해 볼래요? 아니면 다른 병원으로 가서야 하고요."

"그냥 해 주세요. 선생님!"

얼마만큼 원시적인 방법인지는 모르겠으나 그냥 이곳에서 모든 걸 끝내고 싶었다. 의사는 간호사 두 명을 대동해 나를 치료실이 아닌 주방으로 데려갔다. 말없이 식탁을 소독한 뒤 그 위에 면포를 깔았다. 그리고 내 손가락을 살포시 얹었다. 간호사 한 명에게는 내 어깨를, 다른 한 명에게는 내 손가락을 잡으라고 지시했다. 그런 다음 가스 불을 켜더니 주사기를 불에 달구기 시작했다.

"손톱을 뚫어야 하는데 지금으로서는 이 방법밖에 없네요. 보통 주사보다는 조금 더 따끔거립니다."

한껏 달구어진 주사기 끝이 딱딱한 손톱을 마구 파고들었다.

잠시 따끔거리더니 구멍이 뚫렸다. 그 사이로 검은 피가 솟구쳐 나왔다. 그는 면포로 내 손가락을 감싸 쥐며 떡 주무르듯 꾹꾹 눌러 댔다.

"아악!"

이미 통증의 최고치를 찍었다고 생각했는데, 더한 순간이 아직 남아 있었다.

"아!"

"이제 손톱 아래에 있는 죽은 피만 다 빼내면 됩니다. 다행히 손톱 신경은 죽지 않았으니 자라 나올 때마다 깎으시면 됩니다."

## 가슴에 박힌 태극기가 명함이 되다

"세계적인 선수인 김○○ 선수와 경기한다는 것이 다른 선수들에게도 엄청난 귀감이 될 것 같습니다."

2024 파리 패럴림픽이 개막했다. 우연히 TV 중계로 그의 경기를 지켜보았다. 캐스터는 그를 이렇게 평가했다. 그는 이제 사고로 두 다리를 잃은 내 친구 김○○이 아니라 세계적인 선수 김○○이 되어 있었다.

"애가 하루아침에 침대 위에 놓인 빗자루가 되어 버렸어."

그를 병문안하고 온 사람들은 하나같이 잔인한 표현을 썼다. 그만큼 그의 상황은 잔혹했다. 사고는 순식간에 벌어졌다. 공장에서 일하던 그의 옷깃이 기계에 빨려 들어갔지만, 그의 울부짖음은 기계 소리에 묻히고 말았다. 그러다가 다리가 절반 가까이 빨려 들어갔을 때 근처에 있던 동료가 그를 발견했다. 급하게 가까운 병원을 먼저 찾은 것이 오히려 골든타임을 놓치는 일이 되고 말았다. 멀쩡한 두 다리로 출근했던 그는 그렇게 두 다리를 잃은 채로 퇴근했다.

초등학교 4학년 때 반별로 찍은 사진이 있었다. 그의 구멍 난 양말이 선명하게 찍혀 나온 걸 보고 한 아이가 소리쳤다.

"여기 김○○ 양말 좀 봐!"

그는 쑥스러웠는지 잠시 머리를 긁적이더니 크게 웃었다. 우리는 가난을 싫어하긴 했지만 부끄러워하지 않는 시대에 살았다. 중학교를 마친 그가 진학 대신 산업체 공장으로 가야 한다고 했을 때도 담담히 받아들였다.

스무 살이 되던 해, 우리는 동창회를 했다.

우리는 별 볼 일 없는 대학에 다니면서도 으스대며 황금빛 미래가 보장된 사람처럼 굴었다. 언젠가 성공해서 명품 시계를 반짝이며 명함을 건넬 것이라고 너스레를 떨었다. 그때 그는 조용히 웃고만 있었다. 당시 우리는 어리석게도 세상은 찬란함 그 자체며, 암울한 미래는 우리를 찾지 않을 거라고 믿었다. 그러다가 그의 사고 소식을 전해 들었다. 사고 후 좌절에 빠진 그는 부양할 가족을 보자 눈앞이 더 깜깜해졌다. 더군다나 사고 때 한쪽 팔도 같이 다치는 바람에 손으로 할 수 있는 일자리마저 잃었다. 그는 절망했지만 당장 먹고살기 위해 어떻게든 일어서야 했다. 생계를 위해 한쪽 팔부터 재활하기 시작했다. 그때 뜻밖의 행운이 찾아왔다. 2년 동안 꾸준하게 재활하다가 이전에 알지 못했던 운동신경을 발견하게 된 것이다. 그렇게 우여곡절 끝에 잡은 라켓이 지금은 그의 이름이 되었다.

오직 세상을 향해 소리치는 우리와 달리 그는 자신을 향해 소리쳤고, 작은 걸림돌에도 걸려 넘어져 너덜거리는 우리와 달리 매일 한계를 뛰어넘었다. 명품 셔츠와 시계가 아닌 가슴에 박힌 태극기가 그의 명함이 되었다.

## Chapter 2.
## 그땐

## 그땐, 이해할 수 없었다

세상은 우리를 꼰대라 부르고
세상은 그대를 MZ라 부르죠.

우리는 그대가 만들어 갈 세상에 살아갈 것이고
그대는 우리가 만든 세상에 살아가고 있죠.

우리가 만든 세상은 고쳐야 할 것이 많고
그대가 만들어 갈 세상은 어려운 것이 많죠.

우리는 이해할 수 없는 말을 반복하고
그대는 이해할 수 없는 행동을 반복하죠.

우리는 음성이 편하고
그대는 문자가 편하죠.

지금은 그대가 우리에게 배우고 있지만
머지않아 우리가 그대에게 배우게 되겠죠.

우리는 과거에 절대 그렇게 행동하지 않았던 것처럼
과거를 망각하고

그대는 나중에 절대 그렇게 행동하지 않을 것처럼
미래를 착각하죠.

그대와 우리는 무엇 때문에 이렇게 확신하며 살아가는
걸까요?

우리는 주로 반복적으로 하는 일에도 실수하고
그대는 주로 처음 하는 일에 실수하죠.

우리는 제자리로 돌아가기 위해 버티고
그대는 제자리를 벗어나기 위해 버티죠.

우리는 트림과 하품을 서슴없이 할 때가 있고
그대는 비속어를 서슴없이 할 때가 있죠.

지금 우리에게는 그대가 어린아이처럼 보이고
나중에 그대의 눈에는 우리가 어린아이처럼 보이겠죠.

그대와 우리는 아직 서로 이해할 수 없지만,
같은 곳에서 시작하고
같은 곳에 머물며
같은 곳으로 이어지겠죠.

## 혼자만의 세계에 살고 있었다

　오랜만에 교회 동생인 M과 연락이 닿았다. 우리는 이런저런 얘기 끝에 각자 안부로 화제를 돌렸다. 한참 뜸을 들이던 동생에게서 예상 밖의 소식을 들었다.

　"언니, 있잖아요. 한 달 전 우리 사무실 옆에 미국 IT 회사에서 온 남자가 있는데, 요즘 나만 보면 자꾸 밥을 먹자고 해요. 얼마 전에는 출장 갔다가 정말 오랜만에 봤는데요. 그동안 내가 보고 싶었다고 막 그러고, 자꾸 저한테 다가오는 거예요."

　"오호!"

　"그 남자는 교회도 안 다니고, 자꾸 자기 자랑만 하고 그래요. 어쨌든 제 스타일이 아니거든요. 그런데 자꾸 저한테 들이대는 것 같아서 정말 미쳐 버릴 것 같아요."

　"그 사람이 너랑 친해지고 싶어서 그럴 수도 있어. 그냥 한번 친해져 보는 건 어때?"

　그녀는 긴 한숨을 내쉬었다.

　"언니, 저는 15년째 모태 솔로예요. 그런데 언제부턴가 이 남자 때문에 고민하고, 이 남자의 말 한마디, 시선 하나에 신경 쓰는 제가 너무 싫어요. 일에 집중도 안 되고요. 요즘 입맛도 없고 잠도 잘 안 와요. 살도 벌써 3kg이나 빠졌어요."

　"어머! 너 괜찮겠어?"

"네, 아직은요. 그런데 이 남자가 어제 저한테 뭐라고 한 줄 아세요?"

"뭐라고 했는데?"

"일 마치고 영화를 같이 보러 가재요."

나는 그녀의 그린라이트 연애를 환영했지만, 그녀는 그렇지 못했다.

"아니, 잘 알지도 못하는 남자랑 어떻게 영화를 같이 보러 가요? 순간 너무 화가 나서 한마디 했잖아요."

"뭐라고 했는데?"

"저는 그런 여자 아니에요!"

## 알레르기에 맞섰다

이른 아침, 게스트하우스 주방에 한 남자가 서 있었다.

검은 피부에 비쩍 마른 몸, 곱슬머리의 큰 키, 그리고 둥근 안경까지.

그의 모습은 마치 〈아기공룡 둘리〉에 나오는 '마이콜'을 연상케 했다.

"안녕하세요? 한국분이죠?"

그가 들고 있는 라면 봉지를 가리키며 말했다. 그는 주춤주춤 옆으로 비켜서며 인사했다.

"시장에서 과일 좀 사 왔는데 좀 드실래요?"

"네, 고맙습니다."

그는 과일 몇 조각을 두 손으로 받아 갔다. 그러고는 접시를 꺼내 과일을 옮겨 담더니 곧바로 전자레인지에 넣고 30초 버튼을 눌렀다. 무슨 상황인지 따지듯 그를 쳐다봤다.

"제가 찬 음식에 알레르기가 있어서요. 그래서 과일도 이렇게 데워 먹어야 해요."

나는 데운 과일의 맛과 그의 행동을 잘 이해할 수 없었지만, 그는 전자레인지에서 잘 데워져 김이 솔솔 올라오는 과일을 후후 불어 가며 맛있게 먹었다.

## 우리도 예쁘지 않았다

"아이유는 안 예쁘다니까."

평화로운 카페의 정적을 깨는 한 여자의 목소리가 크게 들렸다.

"아이유는 안 예뻐. 아이유가 어디가 예쁘냐?"

나도 모르게 그녀의 행색과 아이유를 비교하며 살피게 되었다. 감히 저렇게 큰 소리로 말할 만큼은 못 되어 보였다. 그녀 또한 아이유가 일반인인 우리와 비교해 예쁘지 않다는 게 아니라, 조각처럼 생긴 배우들과 비교해 예쁘지 않다고 생각했을 수 있다. 물론 누구나 저마다의 취향이 있고 그에 맞는 기준과 잣대가 있기 마련이다. 하지만 그날 가장 거슬렸던 건 그녀가 앞에 앉은 친구에게 강요하다시피 큰소리로 반복해서 말하는 모습이었다.

"여하튼 아이유는 안 예뻐!"

자꾸 그렇게 말하는 그녀가 더 못나 보이기 시작하면서 좀처럼 이해되지 않았다. 마침 그때였다. 좀처럼 비추지 않던 내 안의 거울이 나를 비추기 시작했다.

'혹시 나도 저렇게 큰 소리로 말하나? 나도 저렇게 막무가내로 내 의견을 쏘아붙이나?'

## 이방인은 그런 이름을 가지지 않았다

J는 중동에서 태어나고 자랐다. 방앗간을 운영한 부모님 덕분에 어릴 적부터 떡집 딸로 통했다.

J는 방학 때마다 할머니를 뵈러 한국에 왔다. 하나밖에 없는 귀한 손녀를 그것도 1년에 한 번밖에 만날 수 없기에 J의 할머니는 손녀에게 용돈 100만 원을 주었다. 그녀는 지인의 도움으로 은행에 계좌를 개설하고 입금하는 법을 배웠다.

J와 동대문시장에 갔다. 예산을 10만 원 잡아도 20만 원을 쓰게 되는 곳에서 그녀는 물건을 사지도 않고 만지작거렸다.

"나는 한국 은행이 제일 무섭고 싫어. 그래서 은행에 못 가겠어."

며칠 전 J는 혼자 은행에 갔다. ATM 기계 앞에서 입금이라는 단어 외에는 아는 단어가 없어서 어리둥절하게 서 있었다.

송금, 계좌 이체, 타행 거래.

해외에서 나고 자란 그녀는 이런 한자어에 취약했다. 멀뚱히 화면만 뚫어지게 보며 서 있는데 은행 직원이 다가와 물었다.

"손님, 무엇을 도와드릴까요?"

"돈 좀 뽑으려고요. 그런데 무슨 말인지 하나도 모르겠어요."

"그래요? 그러면 창구에서 도와드려도 될까요?"

J를 수상하게 여긴 직원은 창구로 안내했다.

"출금을 도와드리면 될까요?"

"네? 그게 뭔가요?"

"돈 뽑으신다고 하지 않으셨어요?"

"네, 맞아요."

"그게 출금이에요, 손님. 먼저 신분증 주시겠어요?"

"신분증? ID카드 말하는 건가요?"

우여곡절 끝에 신분증을 건네받은 창구 직원 또한 미심쩍은 눈빛으로 J를 힐끗힐끗 보며 고개를 갸우뚱거렸다. 해외에서 30년간 이방인으로 살아온 J에게는 그 눈빛이 상당히 불편했다. 이후로 J는 은행에 가지 않았다.

"다들 나를 이상하게 쳐다봐서 은행에 못 가겠어."

하지만 그런 그녀에게도 잘못은 있다. 만약 그녀의 이름이 제니 정, 린다 정 같은 이름이었으면 은행 직원도 금방 이해했을 것이다.

그러나 J의 이름은 정순(정 많고 순한 아이)이다.

## 그 자리가 더 탐나 보였다

 "신선한 과일에 굳이 해로운 설탕 시럽을 왜 얹어 먹어?"
 "과일 서너 개 꽂아서 파는데 너무 비싼 거 아냐?"
 "혹시 나무 꼬치 재활용하는 거 아냐?"
 한때 나는 수많은 논란의 중심이던 동네 탕후루 가게 사장님을 동경했다.
 초등학생이 일주일 용돈을 한 번에 쓰는 곳.
 오늘도 찾고 내일 또 찾는 곳.
 모든 손님에게 무심하게 단 세 마디만 던져도 되는 곳.
 사실 이 점이 제일 매력적이었다.
 "무슨 맛?"
 (블랙사파이어 하나랑 샤인머스캣 하나요.)
 "7,500원."
 "(카드) 꽂아."
 "무슨 맛?"
 "3,000원."
 "꽂아."
 발 디딜 틈 없이 문전성시를 이루고, 손님에게 애써 웃으며 '어서 오세요, 안녕히 가세요, 감사합니다, 죄송합니다'라고 인사할 필요가 없는 곳. 그곳이 아주 좋아 보였다. 물론 매일 화상의 위험에 노출되어 있는 탕후루 가게 사장님은 이런 나를 이해할 수 없겠지만 말이다. 학부모의 주문식 교육이 되어 가고 있는 지금의 내 자리보다 한때는 그 자리가 더 탐나 보였다.

## 축구는 알지만, 축구장은 몰랐다

    10년 전 두바이에서는 하우스 메이드를 월 30~40만 원에 고용할 수 있었다. 주로 중국인과 필리핀인이 하우스 메이드로 거주했는데, 그들에게는 비싼 집 문제가 해결되면서 돈도 벌 수 있는 괜찮은 직업이었다. 당시 나는 연세로 계약한 집이 너무 크고 적적해 하우스 메이드를 고용했다. 1층 베란다 문을 열고 나가면 총 여덟 가구가 공동으로 사용하는 수영장과 헬스장이 있었다. 하우스 메이드들은 베란다에 나와 빨래를 널면서 그들만의 소소한 대화를 나누었다. 우리 집 메이드는 연변에서 온 50대 아주머니였고 한국 요리를 아주 잘했다. 그중 라면을 제일 잘 끓였다. 그녀는 어디서 구해 왔는지 500cc 맥주컵에 물을 담아 붓고는 봉지에 적힌 대로 정확하게 타이머를 맞추어 스프와 면을 넣었다. 덕분에 우리 집은 친구들 사이에 라면 맛집으로 통했다.

    하루는 한국과 UAE의 축구 경기가 있던 날이었다. 나는 서둘러 집을 나서며 말했다.

    "아줌마! 오늘 밤에 축구를 보러 갈 거라 저녁은 집에서 안 먹을 거예요."

    "…"

    분명 들었을 텐데 아무런 대꾸가 없었다. 신발을 신으며 슬쩍 고개를 들어 그녀를 보았다. 손에 껍질을 벗기다 만 파가 들려 있었다.

"이 밤에 축구를 해요?"

"네!"

도통 이해할 수 없다는 듯 미간을 잔뜩 찌푸리며 그녀가 되물었다.

"밖이 어두운데 어떻게 공을 차요?"

## 흡연은 그녀의 모든 것이었다

또 다른 환경의 한 사람이 있었다. 우리 옆집 메이드였다.

그녀는 짧은 커트 머리에 몸집이 컸고 힘도 아주 셌다. 빨래를 탈탈 털어 없던 주름도 쫙쫙 펴질 정도로 반듯하게 널었고, 마당을 쓸 때 나는 쓱쓱쓱 소리가 아주 시원시원했다. 그래서인지 그녀가 쓸고 간 타일은 반들반들 윤이 났다. 나는 아침마다 들려오는 그녀의 비질 소리를 참 좋아했다. 하지만 그녀는 항상 담배를 물고 일했다. 흔히 말하는 골초인 듯했다.

우리 집 메이드 아줌마와 조금 결이 다르지만 두 사람은 제법 친해 보였다. 각자 베란다에서 빨래를 널며 이런저런 대화를 나누었다. 영어와 한국어 그리고 보디랭귀지가 공존하는 그들의 대화에는 막힘이 없었다.

"아줌마, 나 필리핀 마이 하우스 부자였어."

"그래? 그런데 와 여기 왔니?"

"아줌마, 필리핀 마이 하우스에는 메이드도 있었어. 그런데 지금 내가 여기 와서 메이드를 하고 있어. 오 마이 갓!"

그녀는 씁쓸한 마음에 연신 담배를 뿜어냈고, 아줌마는 그녀의 안타까우면서도 웃기는 사연에 연신 웃음을 뿜어냈다. 내 시선은 수영장을 향하고 있었지만, 어느덧 그들의 대화에 집중하고 있었다. 담배 연기가 멈추질 않자 우리 집 아줌마가 말했다.

"너는 야, 그 담배 좀 그만 피우라!"

"아줌마! 나 배고파. 그런데 스모킹하면 OK! 나 아파. 그런데 스모킹하면 OK! 나 잠이 안 와. 그런데 스모킹하면 OK! 스모킹 이즈 에브리띵 OK!"

## 한 잔의 술이 한 올의 실밥을 풀었다

정임이는 쌍꺼풀 수술을 했다.

진주에 있는 유명 대기업의 이름과 같은 곳.

몇 마디 하지 않아도 알아서 만들어 주는 곳.

그곳에서 새로운 정임이가 되었다.

달라진 눈으로 자신감이 한껏 올라간 정임이가 아르바이트하는 곳에 놀러 왔다. 자리에 앉자마자 우리는 그녀의 눈에 집중했다.

"어디 눈 한번 감아 봐!"

"감쪽같네."

"완전 자연스럽다."

괜히 유명한 게 아니었다. 그때 정임이가 한마디 덧붙였다.

"너희들, 자세히 봐 봐."

"이쪽에는 선이 끝까지 가는데, 반대쪽을 보면 선이 가다가 끊겼지?"

"응, 왜 그래? 부작용이야?"

"아니, 내가 술을 먹었거든."

수술 다음 날 그녀는 통증이 너무 심해 잠을 이루지 못했다. 통증을 술로 이겨 볼 요량으로 시작한 한 잔이 두 잔이 되고, 한 병이 되고, 말술이 되면서 결국 통증을 완전히 잊고 잠들었다.

한밤중에 갑자기 속이 울렁거려 평소처럼 화장실에 가서 시원하게 게워 내던 중 눈에서 뚜둑 소리가 났다. 그녀는 '그냥 반창고 하나 떨어졌나 보다' 생각하고 다시 잠이 들었다.

다음 날 아침, 그녀의 눈은 UFC 타이틀 전에서 크게 맞은 파이터처럼 퉁퉁 붓고 주변이 온통 피투성이였다. 그녀는 정신을 차리고 병원으로 전화했다.

"간호사님, 아침에 일어나니까 눈이 퉁퉁 붓고 피가 나요."
"괜찮아요, 환자분! 다른 환자들도 그렇게 많이 부어요."
"그런데 너무 무서워요."
"괜찮다니까요. 정 무서우면 오늘 병원에 오세요."
"그런데요. 사실, 제가 어제 술을 좀 마셨거든요."

순간 나긋나긋하던 간호사의 말은 오간 데 없이 사라지고, 날 선 목소리에 칼바람이 불어 댔다.

"아니! 살다 살다 이런 환자는 처음 보네! 술을 마셔요? 하여튼 우리 병원에서는 책임 못 지니까 근처 병원에 가서 실밥을 풀든지 알아서 하세요!"

뚝.

## 피해자가 있으면 수혜자도 있다

뚱뚱녀로 살다 보니 종종 의외의 장소에서 피해를 볼 때가 있다.

동네에서 반가운 이웃을 만나 수다를 떨고 있었다. 그때 미처 나를 발견하지 못하고 옆을 지나던 가느다란 여자가 와서 부딪쳤다. 나는 아무렇지 않은데 그녀는 휘청거리며 뒤로 넘어졌다. 내 잘못이라곤 그저 이곳에 가만히 서 있던 것뿐인데 넘어진 그녀에게 다가가 사과부터 했다.

"미안해요. 괜찮으세요?"

한 번은 칸이 두 개 있는 화장실에 갔다. 한 칸은 다른 이가 쓰고 있어 다른 칸을 이용했다. 간단하게 볼일만 보러 온 나와 달리 옆 칸 사용자는 그렇지 못했다. 변기를 뚫는 듯한 천둥소리가 나더니 산비둘기가 퍼덕이는 날갯소리로 이어졌다. 그리고 지독한 냄새가 퍼졌다.

'가스! 가스! 가스!'

얼른 자리를 피하고 싶었다. 허둥지둥 나와 손을 씻고 있었는데 마침 옆 칸에서 거사를 치른 그녀도 후다닥 옆으로 와서 손을 씻었다. 되려 그녀가 민망할까 봐 일부러 눈길조차 주지 않고 종이 타월로 손을 쓱쓱 닦았다. 그때 황급히 화장실을 찾은 또 다른 이가 방금 거사를 치른 칸으로 돌진했다. 그녀는 곧바로 찌푸린 얼굴에 코를 막으며 나왔다.

"어우, 냄새!"

그녀는 뚱뚱한 나와 내 옆의 날씬한 그녀를 번갈아 보았다.

비록 거울을 통해 마주친 시선이었지만, 그 흘긴 시선의 끝에는 내가 걸려 있었다.

Chapter 3.
## 지구

## 지구, 밖에서 삶을 외치다

 "안녕하세요! 혜영이 친구 ○○인데요. 혜영이 좀 바꿔 주세요."
 "네! 혜영아, 친구 ○○이 전화 왔어."
 집 전화기가 아닌 혜영이 남편의 스마트 폰이다. 하지만 우리는 이런 아날로그 방식으로 혜영이와 통화를 한다. 가끔 운이 좋으면 혜영이가 바로 받을 때도 있다.
 남편과 함께 생선구이 전문점을 운영하는 혜영이는 몇 년 전 보이스피싱을 당했다. 장사하며 생계를 이어 오던 어느 날, 국세청에서 걸려 온 한 통의 전화가 삶을 송두리째 바꿔 놓았다. 이후 그녀는 완전히 다른 사람이 되어 버렸다. 가족 외에 아무도 믿지 않았다. 인터넷 뱅킹도 하지 않았고, 자기 이름으로 된 신용카드도 한 장 만들지 않았다. 웬만한 일에는 현금으로 결제했으며, 가끔 필요한 게 있으면 남편의 카드를 빌리거나 우리에게 부탁했다. 지금의 핸드폰도 남편 명의로 되어 있으며, 부부가 함께 사용한다. 모든 게 익숙해지면서 혜영이는 다시 밝아졌지만, 여전히 지구 안으로 들어오지 못하고 있다.
 "매일 둘이 같이 있는데 전화기 두 개가 왜 필요하냐?"

## 숫자 2를 새기다

사촌 언니의 팔뚝에 새겨진 타투는 각도가 살짝 틀어져 있다.
"언니, 왜 타투를 팔뚝 정방향이 아니라 옆쪽에 새겼어요?"
"원래는 팔뚝 정면에 멋있게 있었는데, 살찌면서 뒤로 돌아간 거야."

한때 거친 이들의 상징이었던 타투가 패션의 일부로 자리 잡은 지 꽤 오래되었다. 그리고 타투를 새긴 사람들은 저마다 의미를 가지고 있었다.

출근길에 잠시 카페에 들렀다. 내 앞에 한 여자가 커피를 주문하고 있었는데, 뒤에서 보니 그녀의 귀밑에 타투가 하나 새겨져 있었다. 숫자 '2'였다.

'왜 숫자 2일까? 2를 좋아하나? 매일 2등만 하나?'

하지만 지금껏 그렇게 단순한 의미를 지닌 타투는 본 적이 없었기에 음료를 기다리며 슬쩍 물어보았다.

"저기 혹시 귀밑에 있는 타투 숫자가 왜 하필 2인가요?"
"아, 이거요? 그냥 내 뒤에 서서 이 숫자를 보고 있는 당신은 2등이다. 뭐 그런 뜻이에요."

## 뉴요커가 있다

캐나다 몬트리올에서 메이저리그 경기를 보고 뉴욕행 밤 버스를 탔다. 열두 시간 정도 걸리는 뉴욕행 버스는 중간중간에 있는 까다로운 입국 심사와 성가실 정도로 해대는 소지품 검사를 제외하고는 그렇게 나쁘지 않았다.

오전 11시가 넘어 드디어 뉴욕에 도착했다.

"할, 렐, 루, 야!"

생각했던 것보다 뉴욕은 더 분주했다. 숙소를 찾는 데만 역대급으로 헤맸으며, 사람 소리와 자동차 소리가 뒤섞여 '와글와글' 그 자체였다. 그리고 길을 물을 때마다 뉴요커들은 하나같이 'Sorry'만 되풀이했다.

"I am sorry!"

어쨌든 나도 오늘만큼은 뉴요커로 살아보고 싶었다. 먼저 숙소에 짐을 풀고 주변을 걸어 다녔다. 바로 앞에 센트럴 파크가 보였다.

'센트럴 파크! 그래, 아무리 힘들어도 여기서 조깅은 한번 해봐야지!'

나는 숙소로 돌아가 KOREA가 새겨진 운동복으로 갈아입고 운동화를 신고 나왔다. 그러고는 센트럴 파크를 향해 달리기 시작했다. 어느덧 해가 어스름하게 지고 있었지만, 심장이 터질

때까지 달려 보기로 했다. 야간버스 탓인지 아니면 숙소를 찾느라 너무 헤맨 탓인지 금세 숨이 차올랐다. 그래도 이 순간을 놓치고 싶지 않아 숨 고르기를 한 뒤 다시 뛰었다. 그렇게 달리기와 걷기를 반복하다가 멈춰 천천히 걷고 있었다.

"Don't stop! Don't stop!"

뒤에서 누군가 소리쳤다. 돌아보니 한 남자가 열심히 달려오고 있었다.

"Don't stop! Don't stop!"

나는 턱 끝까지 차오른 숨을 겨우 참으며 그에게 인사했다. 그는 눈인사만 하고 나를 지나쳐 갔다. 그러다가 다시 돌아왔다.

"Korean?"

"Yes!"

"You're Korean?"

"Yes!"

한국인을 처음 마주하는 그의 얼굴에서 뉴욕의 쌀쌀함이 그대로 전해졌다. 그의 오뚝한 코 밑으로 콧물이 쭈르륵 흘러내리고 있었다. 하지만 아무렇지 않게 흐르는 콧물을 한 손으로 쓱 닦고는 그 손을 나에게 내밀었다.

"Nice to meet you."

그가 내민 손바닥 위에 콧물이 흥건했다. 나는 잠시 망설였다. 그러다가 그의 손끝만 살짝 잡고 반갑게 인사했다.

"Nice to meet you, too."

## 슈퍼 카를 빼앗길 뻔하다

 아랍 에미레이츠의 두바이에서 오래 거주하게 되었다. 아랍인들에게 한국인의 이미지는 부유하고 깔끔한 이미지였지만, 중국인은 메이드나 매춘부가 많은 까닭에 그렇지 못했다. 하지만 우리가 영국인과 미국인을 잘 구분하지 못하는 것처럼 아랍인들도 중국인과 한국인을 잘 구분하지 못했다.

 한번은 두바이의 한 호텔 앞을 지나는데 까만색 람보르기니가 한 대 서 있었다. 당시 람보르기니는 우리나라에서 삼성의 이건희 회장이 소유한 한 대뿐이었다. 그런 람보르기니를 눈앞에서 본다는 게 실감 나지 않았다. 역시 차 주인은 아랍인이었고 나는 인사를 건넸다.

 "안녕, 이 차 정말 멋있다. 사진 한 장만 찍어도 될까?"

 "그래, 맘껏 찍어."

 나는 신이 나서 앞, 뒤, 옆을 돌아다니며 카메라 셔터를 눌러댔다. 그는 내가 사진을 더 많이 찍을 수 있도록 오픈카의 선루프까지 열어 주었다. 람보르기니는 한 마리의 공작새가 날개를 치듯 화려함을 드러냈다.

 "우와! 이 차 진짜 멋있다."

 "원한다면 한번 타 봐도 돼. 사진은 내가 찍어 줄게."

 '부자는 친절하지 않다'라는 말은 우리나라에서만 통용되는 것 같았다. 두바이 부자는 아주 관대하고 친절했다. 그는 다정하게 운전석 문을 열어 주며 내가 이 차의 주인인 듯 보이도록 사진을 여러 장 찍어 주었다. 사진 속 나는 엄청난 세상을 살고 있었다.

"오늘 정말 고마웠어."

그가 잠시 머뭇거리더니 입을 열었다.

"저기."

"응?"

"너는 얼마니?"

나를 중국인으로 생각했던 것이다. 하필 호텔 앞이라 더 그랬던 것 같다. 기분은 상했지만 그래도 덕분에 멋진 사진을 건졌으니 능청스럽게 웃으며 말했다.

"뭐라고?(Excuse me?) 나는 얼마냐고?(How much?) 나? 네 차 주면 돼!(Me? Okay! Give me your car!)"

## 오이로 세상을 보다

 시장 입구 앞 카페에서 1년 넘게 일했다. 카페 맞은편에는 시골에서 따 온 풋고추와 오이, 호박 등을 펼쳐 놓고 파는 할머니가 한 분 계셨다. 처음에는 어릴 적 봄나물을 팔던 할머니를 닮아 아주 친근했다. 하지만 우리 할머니와는 완전히 아주 다른 사람이었다. 그녀는 이 구역의 '스트리트 파이터'였다. 싸움 상대는 다름 아닌 손님이었으며, 싸움의 근원도 한결같았다.
 한 아주머니가 가지런하게 놓인 오이와 호박을 보며 말했다.
 "할머니, 오이 얼마예요?"
 "오이? 세 개 1,000원."
 손님은 가격만 물었을 뿐인데 할머니의 손은 분주했다. 손가락에 침을 묻혀 앞주머니에서 비닐봉지를 하나 꺼내 오이 세 개를 담기 시작했다. 당황한 손님은 손사래를 치며 말했다.
 "할머니, 지금 살 거 아니에요. 그냥 물어본 거예요."
 할머니는 굽은 허리를 쭉 펴면서 눈을 부릅뜨고 손님을 이상한 사람으로 몰아갔다. 평소 할머니의 수가 통하지 않았기 때문이다. 보통은 가격만 물어보던 손님들도 할머니가 물건을 담기 시작하면 어쩔 수 없이 사서 가는데, 이번에는 그렇지 않았다. 거기다가 한마디를 더 얹었다.
 "할머니, 자세히 보니까 오이가 좀 시들었네요. 다음에 사러 올게요."

그때였다. 할머니는 들고 있던 오이 봉지를 바닥에 내팽개치며 손님 뒤통수에 대고 고래고래 소리쳤다.

"너는 안 시드니? 너는 안 시드냐고! 너도 이 땡볕에 나와 있어 봐! 너도 시든다고!"

## 먼 우주로 떠났다


    제임스웹 망원경으로 관측된 우주의 모습을 접할 때마다 나는 S삼촌이 떠오른다.

    어린 시절, 나를 지구에서 꺼내 저 머나먼 우주로 데려가겠다던 삼촌이 있었다. S삼촌은 할머니의 조카쯤 되는 먼 친척이었다. 촌수와 상관없이 우리는 그를 삼촌이라고 불렀다. 연중행사처럼 일 년에 한두 번, 낡은 코트에 짙은 머플러를 걸치고 멋스럽게 빗어 내린 단발머리를 하고 우리 앞에 나타났다. 집에 온 삼촌은 밥 한 그릇을 뚝딱 비운 뒤 능글능글한 웃음으로 할머니의 질문을 요리조리 피해 갔다. 그러다가 결국 용돈만 받고 사라졌다. 그러고는 일 년 뒤에 나타났다.

    그날 새벽, 그는 술에 잔뜩 취해 있었다. 대청마루에 앉아 몇 시간 동안 술주정하더니 끝내 할머니의 심기를 건드리는 말을 했다. 잔뜩 화가 난 할머니는 갑자기 이부자리를 박차고 나가 마루에 있던 요강을 삼촌에게 끼얹었다.

    "이 집에서 당장 나가. 그리고 다시는 나타나지 마."

    그해 여름, 모기장 바깥 분위기는 음습한 공포 분위기로 변해 버렸다. 오물을 맞은 삼촌은 허탈한 웃음을 지으며 히죽대더니 사라져 버렸다.

    이듬해 겨울이 되어서야 삼촌이 나타났다. 어쩐 일인지 할머니는 그를 반겼다. 평소 같으면 밥을 차려 준 뒤 용돈을 쥐어 보냈을 텐데 그날은 웬일인지 자고 가라고 했다. 그날 밤 우리는 처음으로 S삼촌과 시간을 보냈다. 삼촌은 생각보다 신비한 사람이었다.

"할머니와 싸운 날 삼촌이 울면서 길을 뚜벅뚜벅 걸어가는데 갑자기 하늘에서 큰 빛이 따라오는 거야."

"하늘에서요? 무슨 빛이요?"

"삼촌도 처음에는 뭔지 몰라서 계속 하늘을 쳐다봤는데 이렇게 생긴 우주선이 내 머리 위에 떠 있더라고. 그러더니 나를 거기에 태우는 거야."

"누가요?"

"당연히 외계인이겠지?"

"삼촌, 외계인 봤어요? 어떻게 생겼어요?"

삼촌은 숙제하던 내 공책 위에 둥근 타원 모양의 우주선을 그리고는 졸라맨처럼 생긴 외계인 둘을 그렸다.

"우와! 그런데 삼촌은 어떻게 다시 왔어요?"

"걔들이 다시 데려다줬지. 나를 처음 태운 이곳으로. 그리고 내일 다시 데리러 온대."

갑자기 할머니가 삼촌의 등짝을 후려치며 이상한 소리 하지 말고 얼른 불 끄고 자라며 핀잔을 주었다. 나는 삼촌에게 속삭였다.

"삼촌, 다음에는 저도 꼭 데려가 주세요."

당시 열 살이던 나는 삼촌 덕분에 우주선을 탈 수 있다는 생각에 한껏 들떠 있었다. 그리고 다음 날 삼촌이 우주선을 그린 공책을 들고 학교에 갔다. 나 혼자 엄청난 보물 지도를 가진 것처럼 단짝 친구에게 자랑했다.

"다음에 우리 삼촌이 나도 데려가 준대."

"정말? 우와, 진짜 좋겠다. 나도 데려가 달라고 삼촌한테 부탁하면 안 될까?"

집에 오니 삼촌은 가고 없었다. 나는 외계인이 삼촌을 우주선에 태워 갔다고 믿었다. 한동안은 삼촌이 나를 데려가지 않은 것에 속상했지만, 그래도 계속 기다렸다. 끝내 삼촌은 돌아오지 않았다.

몇 년이 흐른 뒤 나는 삼촌이 왜 돌아오지 않았는지 알게 되었다. 삼촌은 우주로 간 게 아니라 망상과 환각 증세로 정신병원에 입원했던 것이다.

## 그들만의 세상이 있다

 여행은 우리를 아주 넓은 곳으로 데려왔지만, 정작 우리는 아주 작은 곳에 머물렀으며 끝내 제자리로 돌아갔다.

 10월 초 단풍국은 꽤 쌀쌀했다. 나는 유스호스텔 주방에서 혼자 저녁을 먹고 있었다. 그때 슬리퍼를 신은 한 남자가 걸어왔다. 우린 서로 반갑게 인사했다. 그의 말에서 친근한 사투리가 들려왔다.

 "안녕하세요."
 "경상도 분이신가 봐요."
 "네, 대구에서 왔어요."

 그날 나는 세계에서 두 번째로 큰 땅덩어리에서 우리 동네 슈퍼집 아들을 만났다. 이전에만 해도 우리는 동네에서 한 번도 마주친 적이 없었다. 그때였다. 등산복 차림의 한국 할아버지가 다가오더니 우리 밥 위에 멸치 두 마리와 구운 땅콩 한 줌을 얹어 주었다.

 "많이 주고 싶은데 양이 별로 없어서. 맛있게 들어요."

 토론토에 온 지 이틀째 되는 날 저녁이었다. 갑자기 갈색 눈의 서양인이 자리에서 벌떡 일어나더니 모두를 향해 큰 소리로 외쳤다.

 "나는 이탈리아에서 온 셰프입니다. 내일 저녁은 이 유스호

스텔에 있는 여러분을 위해 이탈리안 정통 파스타를 대접하겠습니다."

여행자들은 테이블과 접시 그리고 머그를 포크로 두드리며 크게 환호했다. 이 도시의 나이아가라보다 그의 이탈리안 정통 파스타를 더 기대했던 우리였다.

다음 날, 버스 정류장에서 숙소까지 걸어오는 내내 파스타 향이 나는 것 같았다. 주방 식탁 위에는 식재료가 한가득 쌓여 있었고 셰프는 올리브를 두른 팬에 마늘, 양파를 볶으며 불쇼까지 보여 줬다. 저녁해가 뉘엿뉘엿 제자리로 돌아가면서 여행자들도 제자리로 돌아왔다. 마침 요리를 끝낸 그가 와인 잔에 포크를 두드리며 시작을 알렸다.

"이탈리안 파스타 타임!"

우리는 저마다 함성을 지르며 앞다투어 줄을 섰다. 덩치 큰 서양인들은 큰 접시에 김이 올라오는 파스타를 듬뿍듬뿍 담아 갔다. 우리는 파스타가 동이 날까 봐 안절부절못하며 앞으로 나아갔다. 드디어 우리 차례였다. 셰프는 얼마 남지 않은 파스타를 반으로 나눠 먼저 내게 덜어 주었다. 평소 크림 파스타를 접해 본 적 없었던 우리는 서양인들을 따라 후추를 뿌리고 걸쭉한 파스타 면을 포크로 뱅그르르 돌려 한입 가득 넣었다.

'이게 뭐야?'

너무 느끼했다. 씹으면 씹을수록 크림의 묵직함을 도저히 감당할 수가 없었다. 이번에는 최대한 크림을 거둬 내고 면만 덜어 먹었다. 맛을 느끼기가 싫었다. 마치 마요네즈 한 주걱을 입에 물고 있는 것 같았다. 하지만 셰프는 테이블마다 돌아다니며 자신의 요리를 궁금해했다.

"맛이 어때?"

땀을 흘리며 요리한 그에게, 또 곤궁한 배낭족의 식비를 아껴준 그에게, 우리는 양쪽 엄지손가락을 치켜세웠다. 차마 셰프가 보는 앞에서 깨작거릴 수 없어 남은 파스타를 한 번에 집어넣었다. 입안 가득한 파스타를 꾸역꾸역 씹으며 그에게 미소로 답한 뒤 곧장 방으로 뛰어 올라왔다. 그러고는 얼른 배낭에서 고추장을 꺼내 한 숟가락 퍼먹었다. 콜라까지 한 모금 마시고 나니 니글거리던 속이 한결 편해졌다. 밖을 나와 슈퍼집 아들을 보았다. 그는 머그잔에 뭔가를 열심히 젓고 있었다. 가까이서 보니 일본 된장, 미소 수프였다. 우리는 서로 민망한 웃음을 지어 보였다.

## 밥솥만 남는다

호주 브리즈번 중심가에 있는 마켓에서 싱싱한 포도와 체리 그리고 비싼 비스킷을 샀다. 숙소로 돌아와 가장 깨끗한 접시에 담아 여유를 즐기고 있었다.

칙! 칙! 칙! 칙!

밥이 익어 가는 소리가 들렸다. 어떤 한국인이 이곳까지 전기 밥솥을 가져온 것이다. 밥솥 주변에서 선글라스를 낀 남자가 라면을 끓이고 있었다. 마치 판다처럼 생긴 그는 선글라스를 올리며 말했다.

"여행 중이세요?"

"네, 혼자 여행한 지 한 달이 넘었어요. 이제 시드니로 돌아가는 길이에요."

"줄리아! 여기 이분 혼자서 여행 중이래."

일행으로 보이는 여자가 젖은 머리를 수건으로 감싼 채 눈을 동그랗게 뜨고 말했다.

"혼자 여행을 다닌다고요? 안 무서워요?"

"생각보다 안전해요. 그런데 저 전기밥솥은 어디서 가져온 거예요?"

"아, 저거요? 저희는 부산에서 왔는데 에드워드가 여행 다닐 때는 잘 먹어야 한다고 가져왔어요."

모두 다섯 명으로 구성된 부산 5인방은 렌터카를 빌려 전기밥솥을 싣고 다니며 매 끼니 밥을 해 먹었다. 마침 고슬고슬하게 익은 밥이 구수한 연기를 피우며 윤기를 드러냈다.

"이야, 오늘 밥 누가 했노? 잭이 했나? 밥 진짜 잘 됐다."

이들은 이름만 영어일 뿐 모든 대화는 한국어로 했다. 그때였다. 갑자기 건물 안에서 유리창 깨지는 소리가 났다.

쨍그랑!

식당에 있던 사람들이 반사적으로 몸을 일으켜 소리 나는 쪽으로 향했다. 1층 남자 숙소에서 외국인 두 명이 창문 밖으로 배낭을 집어 던지고 있었다.

"오! 누가 방값 안 내고 도망간다!"

내 뒤에 있던 선글라스 낀 남자가 이 상황을 물끄러미 보며 말했다. 다른 일행은 이 상황에 아무런 관심이 없었다. 그저 먹는 데만 집중했다. 다시 그들 옆으로 돌아온 나는 방금 본 상황을 전했다.

"어떤 외국인이 가방을 밖으로 막 집어 던지더라고요."

그들은 내 말은 듣는 둥 마는 둥 하더니 선글라스 낀 남자의 말에만 집중했다.

"우리 가방도 아닌데, 그냥 밥이나 먹자!"

하지만 이 밥이 화근이었다.

외국인이 밖으로 집어 던진 가방은 다름 아닌 부산 5인방의 것이었다. 잃어버린 가방 안에는 비행기표, 여권 그리고 여행

경비까지 몽땅 들어 있었다. 숙소 직원들과 부산 5인방이 동분서주했지만 별 소득 없이 반나절이 훅 지나가 버렸다. 오후 5시가 넘어서야 경찰이 왔고, 해결된 건 아무것도 없었다. 더군다나 여권까지 잃어버린 그들은 24시간 안에 한국으로 돌아가야만 했다. 1년 동안 준비한 그들의 여행은 일주일도 채 되지 않아 접어야 했다.

다음 날 아침, 부산 5인방은 더는 필요가 없어진 밥솥을 들고 쓸쓸하게 집으로 돌아갔다. 그들이 떠난 후 나는 누군가가 남긴 여행 수칙에 한 줄을 더해 보았다.

혼자 여행한다면, 많은 준비가 필요하다.

두 명이 여행한다면, 잘못하면 원수가 되어 돌아올 수 있다.

세 명이 여행한다면, 양보가 미덕이다.

네 명이 여행한다면, 여행을 포기하라.

다섯 명이 여행한다면, 밥솥만 남는다.

## 독똑한 환경운동을 하다

 런던 히스로공항으로 버스를 타고 가던 중이었다. 그때 영화의 한 장면처럼 앞서가던 트럭이 코너를 돌며 큰 판자를 떨어뜨렸다. 떨어진 판자는 하필 내가 타고 있던 공항버스의 백미러를 치고 바닥으로 나가떨어졌다. 그 충격으로 백미러가 반대 방향으로 돌아가고, 그렇게 도로에서 몇 시간을 지체하는 바람에 나는 비행기를 놓쳤다.

 다음 비행기는 아침 7시 20분에 있었다. 돌아갈 숙소와 왕복 교통비를 합해 보니 20만 원이 훌쩍 넘었다. 결국 난생처음 공항에서 노숙하기로 했다. 낯선 문명을 접한 원시인처럼 공항 주변을 어슬렁거리다가 허름한 식당 앞에서 발길을 멈췄다. 피스앤칩스가 10파운드였다. 영국에서 한 달 가까이 머물렀지만, 아직 피스앤칩스를 먹어 보지 못했다. 식당 구석 테이블에 자리를 잡고 주문했다. 어린 종업원은 주변을 살피더니 내 접시에 칩스 한 주걱을 더 담아 주었다. 하지만 나는 괜히 불편한 마음에 음식에만 집중했다. 그런데 수북하게 쌓인 칩스 사이에 갈색 실 같은 게 하나 보였다. 자세히 보니 어린 직원의 머리카락과 같은 색이었다.

 "저기, 여기 머리카락이 있는 것 같은데?"

 "그래? 미안, 미안해!"

뒷짐을 지고 있던 그가 갑자기 손을 뻗어 칩스 사이에 있는 머리카락을 손가락으로 빼냈다. 그러고는 옆에 있는 화분에 버렸다.

"이제 됐지?"

"응? 지금 이걸 나더러 먹으라고?"

그는 앞치마에 손을 쓱쓱 문지르며 금방 쏟아질 듯한 큰 눈알을 부라리며 말했다.

"그러면, 이깟 머리카락 하나 때문에 이 음식을 다 버릴 셈이야?"

## 도시의 추억 부자가 있다

갑자기 쏟아진 국지성 호우가 도시에 하나하나 줄을 긋듯 스케치해 나갔다. 거리에는 Black Eyed Peas의 'Where is the love'가 흘러나왔다. 늦은 밤, 말레이시아 쿠알라룸푸르에 도착했다. 한국인이 운영하는 숙소에 남은 방이라고는 남여 혼숙 도미토리 뿐이었다. 내일이면 여성 전용으로 옮길 수 있다고 하니 일단 오늘 밤만 버텨 보기로 했다. 그런데 분명 잠들 때까지만 해도 나 혼자였는데, 아침에 일어나 보니 바로 옆 이층 침대에 기다란 누군가가 엎드려 자고 있었다. 침대 밖으로 긴 다리가 사다리처럼 삐져나와 있고, 발바닥은 벽에 찍으면 그대로 찍혀 나올 것 같은 깜장 발이었다. 흠칫 놀란 나는 얼른 그곳을 빠져나왔다.

식당으로 내려와 토스트가 익는 동안 주변을 둘러보았다. 키 큰 남자가 뚜벅뚜벅 내려오더니 물 한 컵을 받아 식탁 옆 창가에 기대 홀짝홀짝 마셨다. 차림새를 보니 나의 룸메이트 깜장 발이었다. 그는 아직도 맨발이었다.

'저렇게 다니니 깜장 발이 되지.'

그는 그렇게 햇살 아래서 물 한 잔으로 아침을 때운 뒤 사라졌다. 방으로 돌아와 이것저것 정리하는데 깜장 발이 들어왔다.

"하이, 굿모닝! 근데 너 오늘 떠나?"

"아니, 다른 방으로 옮겨."

"아, 나는 새벽에 도착했거든. 리셉션에서 여기 여자애 한 명이 쓰고 있다고 하길래 신발도 안 신고 조심조심 들어왔어. 네가 깰까 봐 씻으러 가지도 못하고 자 버렸어."

"오, 저런! 미안해!"

"아니, 아니야! 내 이름은 조슈아, 영국에서 왔어."

우리는 짧은 인사를 나누고 각자의 일정으로 돌아갔다. 어제와 마찬가지로 시장은 북적였고 Black Eyed Peas의 노래도 계속 흘러나왔다. 시장 구석구석을 돌아다니는데 빗줄기가 점점 굵어지더니 어제와 다른 풍경을 연출했다. 낯선 도시에서 온 여행자들은 작은 처마 끝에 오밀조밀 모여들어 소리 없이 비그이를 하고 있었다. 그 틈에서 삐죽 고개를 내미는 이가 있었다.

"조슈아, 어디 가?"

"숙소."

그는 금방 내 옆으로 왔다.

"너는?"

"나도 숙소."

"그런데 아까부터 생각해 봤는데…. 우리 지붕 세 개만 통과하면 바로 숙소로 갈 수 있어."

"지붕 세 개?"

큰길 사거리 한복판에서 그는 아주 친절하게 설명을 이어갔다.

"먼저 이쪽 신호가 바뀌면 저쪽 지하도로 뛰어가는 거야. 또 신호가 바뀌면 건너편 가게까지, 그리고 거기서 길 건너 처마 끝으로 뛰어가면 돼. 어때?"

"한번 해 볼까?"

"그러면 내가 하나, 둘, 셋 외치면 같이 뛰어가는 거야."

"하나, 둘, 셋!"

신호가 바뀌자 우리는 지하도로 냅다 뛰었다. 지하도 아래에 도착해서는 첫 번째 작전에 성공한 요원처럼 뿌듯해했다. 그리고 두 번째 작전에 돌입했다.

"하나, 둘, 셋!"

퍽!

함께 뛰던 조슈아가 보이지 않았다. 뒤를 돌아보니 신호 대기 중이던 트럭 미러에 이마를 부딪친 것이다. 단신이었던 나는 트럭 미러를 신경 쓸 필요가 없었지만, 190cm 장신이었던 그는 피할 수 없었던 것 같았다.

"조슈아, 괜찮아?"

그는 두 손으로 얼굴을 감싼 채 아무 말도 하지 않았다.

"조슈아?"

그는 괜찮다고 손짓해 보였다. 그러고는 만개한 잇몸을 드러내며 갑자기 낄낄낄 웃기 시작했다. 나는 그가 머리를 세게 부딪힌 충격으로 정신을 놓은 게 아닐까 내심 걱정했다. 그때였다. 그는 고개를 들어 이마를 보여 주며 말했다.

"내 이마 좀 봐!"

이마는 빨갛게 퉁퉁 부어오르고 있었고, 다행히 큰 외상은 없어 보였다.

"정말 멋지지 않아?"

"뭐가?"

"이것 봐. 너랑 나 사이에 추억이 생겼잖아!"

나는 그의 말을 잘 이해하지 못했다. 분주해진 그는 다시 한번 더 트럭 미러에 이마를 비춰 보고는 깔깔거리며 말했다.

"이건 사고가 아니라 우리의 추억이야! 바로 이 도시에서 말이야."

한동안 조슈아는 미니언즈 같은 이마를 훈장처럼 여기며 그날 있었던 일을 떠들고 다녔다.

## Chapter 4.
## 비창

## 비창, 남겨진 자들이 있다

세상과 우리는 엇박자로 움직였다.
세상이 웃을 때 같이 웃어 주지도
세상이 울고 있을 때 같이 울어 주지도 못했다.
늘 같은 선 위에 있었지만, 같은 모양으로 움직여 주지 못했다.
세상은 이런 우리를 '남겨진 자'라고 불렀다.
떠나는 이의 무의미한 끝은
남겨진 자들에게 잔인한 시작을 알렸다.

떠난 이의 '기억됨'이 남겨진 자에게 '잊힘'이 되기도 하며,
 떠난 이의 '잠시 머묾'은 남겨진 자에게 '영원한 머묾'이 되기도 했다.

## 빗속에 갇히다

비가 억수같이 내리는 날이었다.

마중 나온 큰 우산도 떨어지는 굵은 빗방울을 막아 내지 못하는 그런 날이었다.

그리고 빗소리보다 울음소리가 더 크게 들려온 날이었다.

우산을 들어 보았다.

50대로 보이는 한 여자가 우산도 없이 울며 빗속을 걸어오고 있었다.

빗물에 젖고 눈물에 젖어 수치심마저 잃은 듯했다.

그녀는 어디서 큰 충격을 받았는지 주변을 아랑곳하지 않고 어린아이처럼 팔꿈치를 들어 눈물을 닦아 냈다.

'무슨 일이 생긴 걸까? 우산을 씌워 줘도 될까?'

차마 용기 없는 나는 그녀를 멍하니 바라만 보았다.

그녀에게 의미 없는 배경이 되고 말았다.

잠깐 나와 눈을 마주친 그녀는 더 비탄에 잠긴 듯했다.

크게 흐느끼는 소리만 남긴 채 내 앞을 지나쳐 갔다.

나는 돌아서서 그녀를 보았다.

그녀는 내내 빗속에 갇힌 채 걸어갔다.

## 익숙함도 잊힌다

어릴 적 우리 동네에 선희라는 아이가 있었다. 까만 눈동자의 단발머리 선희는 지적 장애인이었다. 하지만 우리에게 선희는 그저 조금 부족하고 도움이 필요한 아이일 뿐이었다.

선희는 항상 웃으며 동네를 누비고 다녔고, 종종 뭔가에 홀린 듯 한곳을 응시했다. 입고 있던 바지가 엉덩이까지 내려가는지도 몰랐다. 그럴 때마다 우리는 선희에게 소리쳤다.

"선희야! 바지 올려!"

선희는 항상 서너 번 반복해 말해야만 행동으로 옮겼다. 크게 씩 웃고는 한쪽 손으로 바지춤을 끌어올렸다. 하지만 반대편 바지춤은 다시 내려갈 준비를 하고 있었다. 그때 또 다른 아이가 재빨리 뒤돌아 바지를 올리는 시늉을 하며 말했다.

"선희야, 이쪽도 이렇게 올리라고!"

우리 중 누구도 선희에게 화내지 않았다. 동네의 아주 못된 아이들조차도 선희를 보호해 주었다. 우리는 그렇게 선희에게만큼은 친절했다. 우리끼리 땅따먹기나 라면땅 같은 놀이를 하다가도 중간중간 선희에게 시선을 주었다. 그러다가 소리쳤다.

"선희야! 그거 주워 먹으면 안 돼!"

"선희야! 그쪽으로 가면 안 돼!"

선희는 동네에서 늘 그런 아이였고, 우리 또한 늘 그런 아이들이었다.

그렇게 몇 년 동안 우리 곁을 머물던 선희가 어느 날부터 조금씩 아프기 시작했다. 그러다가 뜨문뜨문 모습을 보이더니 나중에는 아예 자취를 감춰 버렸다. 그때 이후 우리는 한 번씩 선희가 서 있던 자리를 힐끗거리고는 또 그렇게 익숙해져 갔다.

## 사라진 안부가 되다

"죄송합니다. 저는 당신이 찾고 있는 위정이 아닙니다."

그녀와 같은 이름을 가진 사람은 대한민국에 단 세 명뿐이었다. 특이한 성 때문에 그런 듯했다. 그녀가 사라진 후, 위정이라는 이름을 가진 인터넷 사용자들에게 이메일을 보냈다. 몇 주의 시차를 두고 돌아온 답변은 모두 한결같았다. 어쩌면 그중 그녀가 보낸 메일이 있을지도 모른다는 생각에 더는 찾지 않았다.

대형 학원에서 강사로 근무할 때 그녀를 만났다. 과목은 달랐지만 한 달 차 입사 동기에 동갑내기 동네 친구였다. 사회초년생이던 우리는 각자 꿈에서 한걸음 물러선 뒤 이곳을 '잠시 머물 곳'으로 정했다. 하지만 세상은 반쪽짜리인 우리를 잡아 두기만 할 뿐 벗어날 길을 쉽게 열어 주지 않았다. 서글픈 우리는 이것을 '청춘'이라 말하며 위로했다.

"우리 중간쯤에서 만나 맥주 한잔할까요?"

우리는 각자 집에서 15분쯤 걸어 나와 중간 지점에 있는 공원에서 만났다. 그녀는 먼저 반려견 보더콜리를 벤치 옆에 묶어 두고 챙겨 온 물과 간식을 주었다. 그런 다음 우리는 벤치에 기대 맥주 캔 따는 소리를 신호탄 삼아 대화를 시작했다. 그렇게 일주일에 한두 번은 그곳에서 회포를 풀며 사회생활이라는 걸 해 나갔다.

"곧 이사해야 할 것 같아요. 오늘 이사할 집을 보고 왔는데 집이 너무 작아서 책을 다 가져갈 수 있을지 모르겠어요."

"지난 주말에 이사했는데 역시나 임용 서적을 놓을 자리가 없더라고요. 주말 내내 책을 버리면서 엉엉 울었어요."

"우리 엄마는 언제쯤 사고를 그만 칠까요?"

답안지 마킹 실수를 하는 바람에 1점 차로 임용고시에 떨어진 그녀였다. 학원을 병행하며 다시 임용을 준비하려 했지만, 당장 더 큰 돈을 벌어야 했다. 설령 임용에 합격하더라도 교사 초봉으로는 생활이 힘들다고 했다.

"다음 달에 다른 학원으로 옮길 예정이에요. 오늘 면접 본 학원에 연봉을 높여 계약했어요. 내일은 원장님이랑 면담이 있어요. 이제 여기도 한 달이면 끝이네요."

"그러면 우리 주말에 야릇한 영화 한 편 보러 갈까요?"

"좋아요! 야한 거 아주 좋아합니다."

"내가 예매할게요. 아주 진한 퇴사 선물이 될 겁니다."

그날이 수요일 밤이었다.

'위! 5시 영화 어때요? 끝나고 맥주 마시면 딱 되겠네요.'

문자를 보냈지만 그녀는 답이 없었다. 오늘 원장님과 면담이 있으니 바쁠 것이라 짐작했다. 어차피 내일 출근해서 상의하면 되는 일이었다.

다음 날 출근하니 교무실이 어수선했다. 그녀 자리는 깨끗하게 비어 있었다. 다른 선생님들은 눈치를 살피며 내게 물었다.

하지만 나 또한 아는 게 없었다. 같은 과목 주임에게 물었지만, 그도 마찬가지였다. 그녀는 문자도 전화도 받지 않았다. 며칠 기다리다가 다시 전화를 걸었다. 그녀의 전화번호는 아예 없는 번호가 되어 있었다.

앞이 깜깜했지만 그래도 희망이 있었다. 그녀가 이직할 학원을 알고 있었기 때문이다.

몇 주 뒤 그녀가 이직한 학원의 시간표가 나왔다. 하지만 강사진 명단에 그녀의 이름은 없었다. 그렇게 그녀는 내게서 사라져 버렸다.

## 식탁 아래 쭈그리고 앉아 울다

 엄청난 재난을 겪은 것도, 큰 병에 걸린 것도, 소중한 사람을 잃은 것도 아닌데 너무나도 멀쩡하게 서 있다가 별일 아닌 일로 무너지는 순간이 있다.

 그녀는 불고기백반집 사장이다. 10년 넘게 꾸려온 식당은 근근이 장사가 되는 편이었다. 그 힘들다는 코로나19 때도 배달 서비스로 잘 버텨 왔다. 줄다리기처럼 이어진 경기 침체에도 잠시 숨 고르기를 할 뿐이었다. 하지만 예상과 달리 숨 고르기가 오래 갔다. 급기야 하루 매출 0을 찍고 퇴근하는 날도 발생했다. 어쩌다 가게 출입문 종소리가 울려 반갑게 돌아보면 센서 오작동이었다. 손님 하나 없는 가게에 남아 있던 부품들도 하나둘 망가지기 시작했다. 들어오는 돈은 없는데 나갈 돈만 쌓여 갔다. 그렇지만 오늘보다는 내일에 무게를 두며 겨우 버티고 있었다.

 오랜만에 예약이 들어왔다. 게이트볼 동호회 회원 열여섯 명이었다. 그녀의 얼굴에 다시 생기가 돌았다. 인건비 절약을 위해 주방 이모도 부르지 않고 혼자서 아침 일찍 출근해 재료를 손질하고 손님 맞을 준비를 했다. 요리와 세팅 그리고 홀 서빙까지 동분서주하게 뛰어다녔다. 예약 시간이 되자 손님이 우르르 들어왔다. 게이트볼을 마치고 온 어르신들은 허기가 졌는지 앉자마자 세팅된 반찬을 순식간에 해치웠다.

"아니, 여기는 왜 이렇게 찬이 적어요?"

평소에도 싹싹한 그녀가 상냥하게 대답했다.

"요즘 식당들은 드실 만큼 조금씩 드리는 추세라서요. 혹시 더 필요하시면…."

"전이 맛있네! 전 좀 많이 주고 샐러드도 좀 더 줘요."

손님들은 그녀의 싹싹한 말 따위 듣고 싶어 하지 않았다. 40도가 오르내리는 8월의 날씨에 그녀는 에어컨도 없는 주방으로 뛰어 들어가 가스 불 앞에서 정성껏 깻잎전을 부쳤다. 땀이 비 오듯 쏟아지고 구운 깻잎전은 둔덕만큼 쌓여 갔다. 손님들은 갓 부친 전을 입에 넣기 바빴고, 덕분에 다시 평온함이 찾아왔다. 잠시 후 불고기전골이 나왔다. 끓고 있는 전골을 거침없이 휘적거리던 손님이 말했다.

"사장님, 여기는 고기 양이 왜 이렇게 적어요?"

"저희 가게 고기는 항상 정량인데요?"

"에이, 지난번 왔을 때보다 고기 양이 확 줄었는데 뭘? 내 눈은 못 속여."

요리와 정직함만큼은 자부했던 그녀였기에 잠시 마음이 휘청거렸다. 하지만 얼마 만에 맞이한 손님들인데. 호흡을 가다듬고, 심기가 불편한 손님을 위해 채소와 당면을 가득 내왔다. 그리고 음료수와 공깃밥까지 서비스로 제공했다. 식사를 마치는 시간에 맞춰 시원한 수박까지 디저트로 넉넉히 냈다. 모두 흡족해하는 가운데 총무로 보이는 사람이 자리를 털고 일어나 카운터로 왔다.

"35만 원입니다. 손님."
"에이, 음식 장사하는 사람이 이렇게 야박해서야."
"네?"
"현금으로 결제하는데 한 푼도 안 깎아 주고 돈을 다 받네."
이 한마디가 벼랑 끝에 서 있는 그녀를 밀어 버렸다.
"손님! 음료도 서비스로 드리고, 찬도 넉넉히 드리고, 추가 공깃밥까지 드렸습니다. 요즘 같은 시기에 소상공인들이 얼마나 힘든 줄 아세요?"
그날 손님은 소상공인의 분노와 설움을 몽땅 뒤집어쓰고 돌아갔다. 그녀는 씩씩거리며 너저분한 테이블을 정리했다. 연세가 있는 분들이라 바닥이 엉망진창이었다. 식탁 밑으로 기어가 손님이 흘린 음식물을 마구 닦아 냈다. 하필 그날따라 바닥에 달라붙은 음식물이 쉽게 떨어지지 않았다. 음식 찌꺼기와 식탁 밑에 혼자 남겨진 그녀는 결국 터져 버렸다.

## 혼자 남겨지는 게 싫다

　새벽기도를 마치고 남편과 교회 근처 국밥집에 들렀다. 앉을 자리를 찾던 중 혼자 앉아 소주잔을 기울이던 한 여자와 눈이 마주쳤다. 그녀는 아주 오래전부터 우리를 알고 지낸 것처럼 반겨 주었다.
　"여기에 앉으세요. 여기 자리 있어요."
　"감사합니다."
　마땅히 앉을 자리가 없던 우리는 그녀 앞에 나란히 앉았다. 그녀는 외모만큼 목소리도 밝았다. 주문하고 시선 둘 곳을 찾던 중 눈이 마주쳤다. 그녀는 살짝 미소를 짓더니 기다렸다는 듯 입을 열었다.
　"그런데, 무슨 등산 동호회 분들인가 봐요?"
　그럴 법도 했다. 그날따라 유독 교회 사람들이 등산 동호회로 오해받을 만큼 바람막이를 많이 입고 있었다. 옆에서 조용히 듣고 있던 남편이 말했다.
　"그게 아니라 새벽기도 다녀오는 길이에요."
　"새벽기도요? 새벽기도? 아, 미안해요. 갑자기 웃음이 나와서요. 하하하!"
　그녀가 갑자기 웃음을 터뜨렸다. 한참 깔깔대며 웃더니 바람 빠진 풍선처럼 서서히 웃음을 잃어 갔다. 그러고는 다시 소주

잔을 들고 텅 빈 허공을 주시했다. 그녀의 눈에서 눈물이 흘러내렸다. 계속 눈물을 훔치더니 한동안 말이 없었다.

　뻘쭘하니 식사를 마친 우리 부부는 얼른 자리를 벗어났다. 다시 혼자가 된 그녀는 이제 막 가게로 들어온 또 다른 손님에게 손짓했다.

　"저기요, 여기에 앉으셔도 돼요. 여기 자리 있어요."

## 다시 켜 보다

 일곱 살, 다섯 살 된 조카들이 우리 둘째를 보더니 한 번만 안아 보자고 했어. 태어난 지 100일이 넘은 우리 둘째는 진짜 아무것도 모르고 잘 웃었어.
 아무나 봐도 아무렇지 않게 까르르 웃기만 했지. 큰 조카에게 조심스럽게 우리 둘째를 넘겨주었더니 세상에서 가장 행복한 미소를 지었어.
 까르르.
 옆에서 보고 있던 둘째 조카가 자기도 한번 안아 보고 싶다고 성화였어. 당연히 큰 조카가 순순히 넘겨줄 리 없었지.
 "잠깐만, 잠깐만 있다가 넘겨줄게."
 그런데 그새를 못 참고 둘째 조카가 큰 조카의 팔을 세게 잡아당겼어.
 쿵.
 우리 둘째가 거실 바닥으로 떨어진 거야.
 울음소리 대신 가쁜 숨소리만 커지더니 모든 걸 멈춰 버렸어.
 작은 숨소리조차도.
 나는 그 자리에서 바로 꼬꾸라졌어.
 그러고는 내 모든 게 만신창이로 변해 버렸어.
 누구도 보고 싶지 않았어.

그렇게 오랜 세월을 굳어 갔어.

나는 자식을 잃었으니까.

나는 이런 아픔을 가진 사람이니까.

나를 나무라는 사람은 아무도 없었어.

그냥 내 마음대로 그렇게 살았어.

그렇게 50년을 꼬꾸라진 채 살아온 거야.

이제 슬슬 우리 둘째를 만나러 갈 준비를 해야 하는데, 갑자기 이런 생각이 들더라고.

"엄마, 세상은 어땠어요?"

우리 둘째가 이렇게 물어보면 어떡하지?

자신은 100일 남짓밖에 살아보지 못한 세상이 궁금할 거 아냐.

하지만 나는 아무 대답조차 해 줄 수가 없어.

이제야 나는 다시 펴진 세상을 보려고 나온 거야.

이제야 나를 찾기 위해

우리 둘째에게 들려주기 위해 세상으로 나온 거야.

*- 리더십 강사로 일할 때 자신의 상처를 발표함으로써 치유하는  
프로그램에서 환갑을 넘긴 참가자가 발표한 내용*

## 꾸역꾸역 삶을 눌러 오다

"S! 잘 지내? 혹시 지금 내 모습 보여? 어때? 에휴, 이런 나도 살아가는데. 이런 거지 같은 나도 이렇게 살아가는데 너는 뭐가 그렇게 아쉬워서 빨리 간 거야?"

친구 P는 먼저 떠난 S에게 매일 중얼거리듯 이메일을 쓴다. 한참을 키보드 앞에 머물며 한 글자 한 글자 꾹꾹 눌러 쓴다. 이렇게 하루하루를 눌러 가듯 살다 보면 가끔 S가 꿈에 나온다. 세상에서 가장 아름다운 S는 꿈에서 아무렇지 않게 인사한다.

"안녕! 정말 오랜만이야. 잘 지냈어?"

"아니, 빡세 죽겠어."

"왜?"

"네 몫까지 열심히 사느라 완전히 빡세."

"오, 미안해."

"나도 미안해. 너처럼 예쁘게 살지 못해서."

그녀와 함께 길을 가면 연예인인 줄 알고 모두 한 번씩 돌아보았다. 하지만 그녀는 오히려 미국에서 생활하는 P의 삶을 동경했다. 매일같이 P의 블로그에 들어와 그가 올린 일상에 가장 먼저 댓글을 남겼다.

"안 자고 뭐 해? 지금 한국은 새벽인데?"

"잠이 안 와서. 미국은 어때? 정말 좋아 보이는데?"

"보다시피 좋아. 그런데 조금 외롭긴 해."

"P, 넌 정말 멋있는 것 같아."

"멋있긴…."

"나 놀러 가도 돼?"

P는 잠시 망설였다. 그녀가 왔을 때 좋은 점과 나쁜 점을 떠올려 보았다. 좋은 점은 이렇게 예쁜 여자 사람 친구가 있는 그를 모두가 부러워할 것이라는 점이었다. 한편 나쁜 점은 P의 집에는 방이 하나뿐이고, 블로그만큼 화려하지도 않아 이런 모습을 들키고 싶지 않았다.

"음…."

"나 갈래. 비행깃값 얼마야? 잠은 네가 좀 재워 주라."

"생각해 볼게."

그날따라 P는 마음이 복잡했다. 그녀가 오는 게 싫은 게 아니라 그녀가 실망할까 봐 외면하고 싶었다. 그렇게 그날 그녀와의 채팅창을 닫았다. 다음 날 찜찜한 기분에 다시 메시지를 남겼다.

"네가 오는 게 싫어서가 아니라, 다들 온다고 해 놓고 안 와서 그런 거야."

그녀는 답이 없었다. P는 대수롭지 않게 하루를 넘겼다.

다음 날, 갑작스러운 비보가 전해졌다. 평소 우울증을 앓던 그녀는 그날 밤 생을 마감해 버렸다. 만약 P가 그때 '당장 와!'라고 말했더라면 그녀는 지금쯤 신이 나 짐을 챙기고 있었을 것이다. 그리고 어쩌면 이곳에서 새로운 생을 살아갈지도 모른다.

P는 한동안 거울을 보지 않았다. 아무 일 없다는 듯 일하고 혼자 점심을 먹었다. 하지만 집으로 돌아와 샤워할 때가 되면 온몸에 힘이 풀리면서 모든 게 완전히 무너져 내렸다. P는 애써 외면한 하루를 겨우 마주하며 그렇게 시간을 보냈다.

일 년 후, P는 용기를 내어 한국에 왔다. 그리고 가장 먼저 S의 어머니를 찾아뵈었다. S의 어머니는 그를 꼭 안아 주었다. 그는 그 품 안에서 한참 울었다.

"죄송해요. 제가 그때 대답만 똑바로 했어도….”

"아니야, 네 탓이 아니야. S는 그저 자기 운명대로 살다 간 거야."

## 다른 그림으로 포개지다

"저기, 부탁이 있어요. 한번 안아 보면 안 될까요?"

뜬금없는 여자의 부탁은 몹쓸 주사일지도 모른다고 생각했다. 옆에 있던 남자친구가 그녀의 팔을 잡아끌었다. 그녀는 남자친구의 팔을 강하게 뿌리치며 말했다.

"얘 동생이랑 너무 닮아서요. 얘가 몇 년 전 먼저 떠난 동생과 닮은 사람이 있다고 해서 같이 와 본 거예요. 그런데 진짜 닮았네요."

월요일 저녁, 호프집 아르바이트는 별 탈 없이 굴러가고 있었다. 그런데 초저녁부터 남녀 커플로 보이는 네 사람이 우리 매니저를 빤히 쳐다봤다. 나는 농담 삼아 매니저에게 말했다.

"매니저님, 곧 얼굴에 구멍 나겠어요. 저쪽 테이블에서 계속 쳐다봐서."

피식 웃던 매니저는 혹시 우리가 빠뜨린 메뉴가 있는지 확인해 보라고 했다. 아니나 다를까 공깃밥을 빠뜨린 것이다. 네 사람은 멀뚱하니 끓고 있는 찌개와 우리를 번갈아 보고 있었다. 나는 얼른 아래층으로 내려가 공깃밥을 가져왔다.

"손님, 주문하신 공깃밥 나왔습니다. 밥이 늦게 되는 바람에, 죄송합니다."

"저희 공깃밥 네 개 시켰는데요?"

"그럼요, 바로 여기에 있죠."

나는 캥거루처럼 앞치마 주머니에서 공깃밥 두 개를 마저 꺼냈다. 일행 사이에 금세 웃음보가 터졌다. 그런데 유독 모자를 푹 눌러 쓴 남자만 웃지 않고 매니저를 계속 쳐다보고 있었다. 옆에 앉은 여자친구가 옆구리를 쿡쿡 찌르며 그만하라는 신호를 보냈다. 우리는 의아했지만, 호프집에서 남자 손님들이 술만 먹으면 사람을 빤히 보는 경우가 종종 있어 대수롭지 않게 여겼다.

"소주 한 병 그리고 맥주 피처 하나죠?"

다시 테이블로 불려간 매니저는 볼펜을 달깍거리며 주문서를 작성했다. 그는 매니저의 손을 계속 응시했다. 손에 뭐가 묻은 것도 아닌데 그는 이해할 수 없는 행동을 계속했다. 그러다가 마침 일행이 자리를 털고 일어났다.

"안녕히 가세요."

매니저가 꾸벅 인사하고 그들 옆을 지나는데 누군가가 그녀의 팔을 잡아끌었다. 모자 쓴 남자의 여자친구였다.

"저기, 부탁이 있어요. 한번 안아 보면 안 될까요?"

이렇게 혼자 남겨진 이별은 다른 그림이 되어 다시 포개지곤 했다.

## 별이 되다


모 연예인의 비보가 세상을 떠들썩하게 했다. 이제 그는 어두운 하늘에 혼자 남겨진 별이 되었다. 어쩌면 우리가 그의 실수를 조금 너그럽게 덮어 주었더라면 아직 우리 곁에 있을지도 모른다.

두바이에서 한국으로 오는 비행기에 연예인이 타고 있었다. 그는 일등석이나 비즈니스를 탈 만큼 인지도도 높고 부유한 연예인인데도 이코노미 좌석, 그것도 바로 내 옆자리에 앉아 있었다. 사람들은 관찰일지를 쓰듯 그의 움직임 하나하나에 집중했다. 그가 먹은 음료, 기내식 그리고 잠자는 모습까지 관심을 가지며 방해하기 시작했다.

서른이 넘은 나는 현실적인 이성에 혈안이 되었을 뿐 이상향에 가까운 연예인에게는 별다른 관심이 없었다. 그저 주변에서 일어나는 하나의 가십거리였을 뿐이고, 오히려 그가 내 옆에 앉은 게 불편했다. 그가 통로 쪽에 앉는 바람에 화장실에 가고 싶어도 안대를 쓰고 잠든 그를 깨우느니 차라리 방광염에 걸리는 게 나았다. 그는 여행에 지친 건지 사람들에게 지친 건지 사진 촬영을 거절했고 사인 요청에만 응해 주었다.

평소 나는 장거리 비행에 기내식도 먹지 않고 잠드는 편인데, 그날은 유독 그의 목소리가 귓가에서 계속 맴돌았다. 참 듣기 좋았다.

"네! 이름이 어떻게 되세요?"

"아, 네. 이름이?"

순간 나는 자리를 바꿔 줄까 고민했지만, 괜히 오지랖 떠는 것 같아 모른 척했다. 사실 용기가 없었다. 그가 생전에 한 실수에도 먼저 괜찮다고 말해 줄 용기가 없었던 것처럼 말이다. 가끔 그의 단잠을 깨워 사인을 요청하는 무례한 사람도 있었다. 그렇게 한 번 시작된 사인은 사인회로 번져 갔다. 그러나 그는 싫은 내색 하나 없이 잘 버텨 냈다. 그가 매우 안쓰러웠지만 그래도 내 옆에 앉아 있는 게 좋았다. 나와는 아무 상관이 없는 그였지만, 같은 시간 같은 공간에 그렇게 함께 있는 게 좋았다.

Chapter 5.
세상

## 세상, 지금도 둥글게 굴러간다

 화려하기만 했던 해외 생활에 궁핍함이 찾아왔다. 나 또한 친구 용대처럼 하늘에서 돈이 뚝 떨어지기를 바라며 바닥을 보고 다녔다.

 하루는 마트에 들러 핸드폰 유심을 산 뒤 한산해 보이는 계산대에서 줄을 섰다. 그때 뒤에서 누군가가 내 어깨를 톡톡 두드렸다. 돌아보니 여자 두 명이 소심하게 손가락으로 바닥을 가리켰다.

 "저기, 네 돈이 바닥에 떨어졌어."

 내게 돈이 있을 리 없었지만, 그녀의 손가락 끝을 보았다. 100디람(한화 3만 3,000원)이 반쯤 접힌 채 바닥에 떨어져 있었다. 나는 한 치의 망설임 없이 돈을 주우며 뻔뻔하게 인사했다.

 "어, 고마워."

 그리고는 아무렇지 않게 주머니에 넣었다. 콩닥거리는 심장을 겨우 부여잡고 종종걸음으로 마트를 빠져나왔다. 곧바로 화장실로 들어가 심호흡을 크게 하고는 돈을 꺼내 펴 보았다. 절반이 찢어진 돈이거나 가짜 돈일까 봐 조마조마했다. 날개를 활짝 편 지폐는 100디람이 맞았다.

 가끔 세상은 우리를 철저히 외면하는 것 같았지만,

 다시 측은함으로 우리를 바라봐 주었다.

 그날 지폐는 두 장이었다.

## 반전의 얼굴을 보여 주다

"혹시 이번 결정에 대해 다른 의견 있으신가요?"
"아니요. 저는 괜찮다고 생각합니다."

R은 항상 이런 식이었다. 뒤에서는 같이 이의를 제기하자 해 놓고 막상 상사 앞에서는 제일 먼저 꼬리를 내렸다. 나는 그런 R을 싫어했다. 그래서 퇴사한 이후에도 그녀와 연락하지 않았다.

아침 일찍 무인 세차장을 찾았다. 진공청소기로 차 안 구석구석에 쌓인 먼지를 열심히 제거하느라 정신이 없었다. 그러다가 그만 밖에서 차 문을 잠가 버렸다. 잠긴 차 안에는 자동차 열쇠와 전화기 그리고 가방까지 고스란히 들어 있었다.

부랴부랴 주변에 있는 사람에게 전화기를 빌려 보험회사에 전화했다. 하지만 보험회사에서는 아날로그 방식인 내 자동차의 문을 열어 본 직원이 없기에 도움을 줄 수 없다고 답했다. 출장 중인 남편을 부를 수도 없어 세차장 사장님에게 차를 담보로 택시비를 빌려볼 요량이었다. 하지만 사장님은 아직 출근 전이었다.

'어쩌지?'

일단 택시를 타고 기사님에게 사정을 말한 후 집으로 가서 돈과 비상열쇠를 가져오기로 했다. 택시를 잡으려고 대로변으로 나왔다. 그때 길 건너 자동차에서 R의 목소리가 들렸다.

"기영 씨, 거기서 뭐 하세요?"

평소 가장 싫어했던 R이 그렇게 반가울 수 없었다. 그녀를 향해 있는 힘껏 손을 흔들었다.

"R, 저 좀 집까지 태워 주세요."

"30분 정도 시간이 있어요. 얼른 타세요!"

그날 나는 R 덕분에 수월하게 세차장으로 돌아올 수 있었다.

## 똥장 잔고 850원, 희망을 남기다

   8월, 무더위 쉼터가 되어 버린 은행은 사람들로 붐볐다. 대기 인원은 고작 세 명인데 앉을 자리가 없어 한쪽 귀퉁이에 쭈뼛거리고 서 있었다.

   대기 인원 두 명.

   나는 차례를 준비했다. 그때 한 손님과 은행 직원의 대화가 들렸다. 은행 안 모든 시선이 일제히 그곳으로 고정되었다. 손님인 할아버지는 귀에 보청기를 하고 있었고, 은행 직원은 평소보다 큰 목소리로 또박또박 말했다.

   "할아버지, 현재 통장 잔고가 850원뿐이에요."

   "아닐 텐데. 2,000원 더 있을 텐데?"

   "엊그제 3,000원을 찾아가셨고, 어제 2,000원을 마저 찾아가셨네요."

   "그래? 그러면 돈이 없어?"

   이제 할아버지는 보청기 때문에 잘 듣지 못하는 게 아니라 돈이 없다는 현실을 받아들이지 못하는 것 같았다. 직원에게 되물었다.

   "그럼 돈이 얼마 있어?"

   "850원 있습니다."

   띵동.

"32번 고객님!"

바로 옆자리에서 내 순번을 불렀다. 나는 조금 더 가까이에서 그 할아버지를 마주했다. 주름진 얼굴에는 창피함보다는 희망을 잃은 허망함이 가득했다. 오늘 그가 찾으려는 돈은 고작 2,000원이었다. 그는 한동안 이곳을 떠나지 못하는 듯했다. 마침 볼일을 끝낸 나는 앞서가는 그의 느리고 긴 그림자를 따라갔다.

"할아버지! 할아버지!"

뒤에서 누군가 그를 불러세웠다. 돌아보니 젊은 청년이었다.

"할아버지, 이거…."

그는 청년이 내민 돈을 선뜻 받지 못하고, 그저 깊이 파인 눈동자만 일렁거렸다. 그리고 혼잣말했다.

"나는 돈이 없어. 내 통장에는 돈이 없대."

하지만 청년은 아무 말 없이 그의 손에 지폐 한 장을 꼭 쥐여 주고는 도망치듯 사라져 버렸다.

## 언제나 내 편이 되어 주다

여행은 떠날 때보다 돌아온 뒤가 더 중요하다.

배낭여행 후 피부가 엉망이 되어 버렸다. 까맣게 그을린 피부에 트러블까지 더해져 화장으로는 가려지지 않았다. 크게 올라온 뾰루지는 세수할 때마다 스트레스가 되었다. 더는 이 몰골로 외출할 수 없는 지경이 되자 피부과를 찾았다. 피부과 대기실에 앉아 있는데 나보다 심한 환자는 없는 것 같았다.

피부과에서 제일 무서운 건 진료비였다. 첫날이라 기본적인 진료만 받고 앞으로 치료받을 레이저 시술 비용을 꼼꼼히 살펴보았다. 대학생인 내가 감당할 수 없는 금액이 나왔다. 집에 손을 벌리기엔 너무 염치가 없어 보였다. 공부하러 간 것도 아니고 혼자 실컷 놀다 와서 이러는 건 아닌 듯했다.

친구 혜진이에게 전화해 하소연하던 중 어렵게 말을 꺼냈다.

"그래서 말인데, 혹시 너 돈 좀 가진 거 있어?"

"에휴, 네가 이런 말을 하기까지 얼마나 힘들었겠니?"

가만히 듣고만 있던 혜진이가 한숨을 쉬며 말했다.

"걱정하지 마, 기영아! 내가 카드를 긁어서라도 레이저 치료 꼭 받게 해 줄 테니까."

## 알 수 없는 표정을 짓다

- 사건 발생: 평일 오후 4~5시 사이
- 사건 장소: 전깃줄이 있는 3층 빌라 담벼락
- 사건 개요: 주차해 둔 내 자동차가 알 수 없는 오물을 뒤집어씀

빌라 옆 이발소에서 할아버지 두 분이 나오셨다.

이발소 사장님 1: (조심스레 다가오며) 혹시 이 차 주인이세요?

나: 네.

이발소 사장님 1: 제가 올 때부터 저렇게 되어 있더라고요. 안 그래도 좀 이상하다고 생각하고 있었습니다.

나: 혹시 누가 그랬는지 보셨나요?

이발소 사장님 2: (친구 옆으로 조심히 다가오며) 안 그래도 저희도 이 차 주인이 누구인지 궁금해하고 있었습니다. 4시 넘어서인가 무슨 젓갈 냄새 같은 게 진동하길래 나와 봤는데, 저기 저 차가 젓갈을 뒤집어쓰고 있더라고요.

나: (황당한 표정으로) 젓갈이요?

이발소 사장님 1: 네, 몇 시간 전에 젓갈 차가 지나갔습니다.

나: (도무지 이해하지 못 한 표정으로) 젓갈 차요?

이발소 사장님 2: (프로파일러보다 더 프로파일러 같은 목소

리로) 젓갈을 실은 트럭인데, 아마 여기가 내리막길이라 급하게 브레이크를 밟은 듯해요. 그러면서 뒤에 실린 젓갈이 쏟아지지 않았을까, 그래서 저 차를 덮친 것 아닐까?

두 사람은 3층 빌라가 있는 하늘을 보며 한마디 덧붙였다.

이발소 사장님 1, 2: (뒷짐을 지고 씁쓸한 목소리로) 이 동네에 오래 살았지만, 그런 동네는 아닙니다.

나는 마지막 수업을 남겨 둔 터라 다시 학원으로 올라왔다. 고민 끝에 경찰에 신고했다.

나: (상냥하지만 정확한 목소리로) 안녕하세요. 여기는 ○○로 3길 20번지인데요.

경찰관: (언제나 한결같은 목소리로) 네, 위치 확인되었습니다. 무슨 일입니까?

나: 제 자동차에 젓갈인지 오물인지 뭔가 잔뜩 뿌려져 있어서요.

경찰관: (놀란 목소리로) 젓갈이요? 일단 접수했습니다. 바로 출동하겠습니다.

그때 3층 빌라에서 쓰레기를 들고 내려온 아주머니가 주변을 힐끗거렸다. 나는 얼른 그녀에게 달려갔다.

나: (다급한 목소리로) 아주머니, 혹시 여기 사세요?

아주머니: (당황한 듯 주저주저하며) 아, 네.

나: (드라마 속 형사처럼) 누가 제 차에 젓갈을 부은 것 같은

데 근래에도 혹시 이런 일이 있었나요?

아주머니: (도망가듯 자리를 피하며) 아니요, 몰라요. 저는 아무것도 몰라요.

아주머니는 황급히 빌라 안으로 들어가 버렸다. 순간 나는 그녀를 의심했다. 대개 사람들은 이런 얘길 들으면 이발소 사장님처럼 관심을 보이기 마련인데, 그녀는 자리를 피하기만 했다.

때마침 경찰이 도착했다. 사람들도 조금씩 몰려들었다. 낮에는 육안으로 뚜렷하게 보였던 오물의 정체가 어둑해진 지금은 정체불명의 액체로 변해 있었다. 경찰은 손전등으로 여기저기 비추어 보았다.

경찰: (전깃줄과 3층 빌라를 올려다보며) 이 근처 사세요?

나: (전깃줄과 3층 빌라를 같이 올려다보며) 아니요, 직장이 이 근처예요.

경찰: (손전등으로 다시 차를 이리저리 살펴보며) 어디서 근무하시는데요?

나: (손전등에 비친 오물을 자세히 들여다보며) 이 뒤편 학원이요.

경찰: (손전등을 끄고 나를 보며) 아! 혹시 ○○○학원이요?

경찰관은 내가 말하지도 않은 학원 이름을 말했다.

나: (경찰을 더 의심하며) 네, 그런데 어떻게?

경찰: (갑자기 자세를 바꿔 깍듯이 인사하며) 안녕하세요, 선생님! 제가 중3 김산 학생 아버지 되는 사람입니다.

나: (직업병에 가까운 본능적인 미소를 지으며) 아, 안녕하세요. 아버님!

그 순간 사건은 애매하게, 분위기는 훈훈하게 바뀌어 갔다.

경찰: (사건보다 더 궁금해하며) 우리 산이, 학원에서는 좀 어떻습니까?

나: (최대한 상냥한 표정과 말투로) 산이가 아주 착하고 인기가 아주 많습니다.

경찰: (세상에서 가장 흡족한 미소를 지으며) 아, 그렇습니까? 맞다. 선생님 혹시 블랙박스 돌려보셨습니까?

나: (사건을 다시 떠올리며) 안 그래도 확인해 봤는데 아무것도 없었습니다.

경찰: (차에 오르며) 혹시 집에 가서 한 번 더 확인해 보시고 뭔가 나오면 다시 연락해 주십시오.

나: (공손한 자세로) 네, 산이 아버님. 들어가세요.

경찰: (갑자기 창문을 열며) 선생님, 블랙박스 칩은 지금 빼두시는 게 좋습니다.

나: (여전히 상냥한 미소를 지으며) 네, 아버님. 감사합니다.

경찰: (온화하고 공손하게) 우리 산이 잘 부탁드립니다, 선생님!

## 틈 사이로 힘껏 빛이 밀고 들어오다

"어제 후배 생일 파티에 가서 엄청 좋았나 봐? 우리가 안 놀아주니까 이제는 후배들이랑 어울리나 봐?"

K의 무리는 학교에서 왕따였던 내 책상을 발로 뻥 차며 비아냥거렸다. 신학기가 되어도 그들은 변함이 없었고, 나 또한 변함없이 그들을 무시했다. 그날 선생님이 사회 숙제를 내주셨다. 참고서 없이 혼자서는 할 수 없는 숙제였다. 나는 아직 참고서를 사지 못했지만, 괜히 엉터리로 숙제를 해서 K의 놀림거리가 되고 싶지는 않았다.

H가 생각났다. 평소 그녀는 K의 무리가 치고 간 내 책상에서 떨어진 연필도 주워 주었고 급식도 깨끗하게 배식해 주었다. 나는 H에게 전화했다.

"너 혹시 참고서 샀어? 사회 숙제해야 하는데 아직 참고서가 없어서…."

"참고서는 지난주에 아버지가 사 주셨어."

"나 잠깐 너희 집에 가서 참고서 좀 봐도 돼?"

그녀는 잠시 주저했지만 이내 허락해 주었다. 순간 갈라진 틈 사이로 힘껏 빛이 밀고 들어오는 것 같았다. 그녀는 문 앞에서 나를 기다리고 있었다. 집 안으로 들어가니 H의 부모님이 저녁을 준비하다가 반갑게 맞아 주셨다.

"이따 저녁 먹고 가. 아줌마가 국수 삶고 있어."

"네!"

우리는 얼른 방으로 들어갔다. H는 먼저 참고서를 폈다.

"오늘 숙제 여기 맞지? 그런데 이렇게 하는 거 맞아? 나도 헷갈려서."

우리는 바닥에 엎드려 참고서 내용을 공책에 베껴 썼다. 숙제는 금방 끝났다.

"고마웠어. 갈게."

나는 서둘러 방을 나왔다. 이 일로 인해 겁 많은 H를 위기에 빠뜨리고 싶지 않았다. 만약 K의 무리가 이 사실을 알게 된다면 분명 그녀를 가만두지 않을 것이다.

"안녕히 계세요."

"벌써 가게? 국수 먹고 가라니까."

"괜찮아요. 안녕히 계세요."

H의 어머니가 한 손에 국수를 든 채 주방에서 나왔다. 그러고는 내 뒤통수에 대고 말했다.

"너 국수 싫어하니? 집에 밥도 있어!"

나는 못 들은 척 얼른 밖으로 나왔고, H도 나를 따라나섰다. 자전거에 공책이 떨어지지 않게 단단히 묶고 말했다.

"오늘 일은 아무한테도 말하지 않을게."

안도하는 H의 표정을 보니 나 또한 마음이 놓였다. 그러고는 힘껏 자전거 페달을 밟아 곧장 집으로 향했다.

## 또 다른 문을 열어 놓다


 중동이라는 낯선 땅에서 여자 혼자 단돈 500만 원으로 버틴다는 게 무모해 보였다. 더군다나 정해진 거처가 있는 것도 아니고, 한국어 과외가 당장 얼마만큼의 수요가 될지도 몰랐다. 이처럼 두바이행은 내 삶의 확장이 분명했지만, 확신은 없었다. 그런 까닭에 주변에서 다들 많이 걱정했다.

 퇴근 후 L은 대형 마트로 나를 불러냈다.

 "10만 원 한도 내에서 골라. 그 나라에 김이랑 고추장 같은 건 있냐?"

 그녀는 마트를 여기저기 돌며 김, 라면, 과자 등을 바구니에 가득 담았다.

 "이 정도면 10만 원 훨씬 넘을 것 같은데 그만 담아."

 계산하고 보니 역시나 20만 원이 훌쩍 넘었다.

 "거봐! 몇 개만 빨리 빼자."

 "빼긴 뭘 빼. 그냥 가지고 가."

 계산을 마친 그녀는 영수증을 구겨 지갑에 넣으며 말했다.

 "기영아, 나는 네가 내일 당장 공항에서 울며 전화해도 아무 말 않고 너를 받아 줄 거야. 그러니까 자신이 없으면 언제든지 돌아와. 알았지?"

## 우리를 이곳에 남겨 두다

친구들과 경주로 하이킹을 떠나기로 했다. 아침 8시까지 버스 정류장에서 만나기로 약속했지만, 모두 지각 대장인 Y의 존재를 잊지 않고 있었다. 그래서 내기를 했다.

"내일 아침 8시까지 나타나지 않는 사람이 무조건 버스비 내는 거다."

우리의 예상대로 Y는 30분이 넘어서 헐레벌떡 모습을 드러냈다. 그날따라 늦게 나타난 Y가 그렇게 기특할 수 없었다.

"미안해, 얘들아! 내가 버스표 사 올게."

지각한 Y 때문에 8시 버스는 놓쳤지만, 공짜 버스를 탈 수 있게 된 우리는 전깃줄에 앉은 참새처럼 맨 뒷자리에 앉아 왁자지껄 떠들었다. 고속도로를 한참을 달리던 버스가 갑자기 갓길로 빠지더니 멈춰 섰다. 기사님이 큰 소리로 말했다.

"앞차에서 사고가 나서 승객들을 좀 태우고 출발하겠습니다."

사고가 난 버스는 차체가 완전히 찌그러졌고 꼬리는 잘려있었다. 그때 앞차에서 사고를 겪은 아주머니가 우왕좌왕 버스에 올랐다. 그러고는 우리를 보고 큰 소리로 말했다.

"학생들! 그 자리는 위험해. 얼른 앞자리로 옮겨."

서로 눈치만 살피던 우리에게 뒤따르던 또 다른 승객이 소리쳤다.

"아가씨들! 그 자리는 위험해. 방금 트럭이 뒤에서 박았는데 다행히 우리 버스에는 맨 뒷자리에 앉은 사람이 없어서 큰 사고는 면했지 뭐야."

우리는 자리에서 스르르 미끄러져 내려와 앞자리로 옮겼다.

그날 Y 덕분에 천국 지각 대장이 된 우리는 차비를 Y에게 돌려주고 맛있는 점심까지 대접했다.

## 행운의 퍼즐 조각을 맞춰 나가다

 호주 에얼리 비치에서 이틀을 더 머물게 되었다. 비상금으로 빼놓은 20달러를 숙박비로 지불하고 나니, 수중에는 달랑 2달러 50센트만 남았다. 하지만 전혀 문제 될 게 없었다. 이미 장도 다 봤고, 숙소비랑 투어비까지 모두 지불 했으니 5일 동안 큰돈 쓸 일이 없었다. 만약 돈이 필요하면 30분마다 운행하는 셔틀을 타고 시내의 은행에 가서 인출 하면 되었다.

 경비행기 투어를 마치고 픽업 버스를 기다리고 있었다. 그때 여행사 직원이 다가왔다.

 "돌아갈 때는 픽업 서비스를 제공하지 않아. 그런데 여기 너희 숙소 쪽으로 가는 사람이 다섯 명이나 있어. 같이 택시를 타고 가는 게 어때? 요금도 버스비 정도면 될 거야."

 버스비는 1달러, 나한테는 그러고도 1달러 50센트가 더 있으니 순순히 그의 말에 따랐다. 택시가 왔고 그의 말대로 나를 포함한 다섯 명이 올라탔다.

 아뿔싸!

 막상 택시를 타니 기본요금이 3달러부터 시작되었다. 머릿속이 하얘졌다. 숙소가 2달러로 갈 수 있는 거리는 절대 아니었다. 이 와중에 택시는 막힘없이 달려가고 미터기의 숫자는 쭉쭉 올라가고 있었다. 합승한 네 사람은 택시 요금 따윈 안중에도 없는데, 나만 경치를 즐기지 못하고 올라가는 숫자에만 혈안이 되어 있었다.

10, 11, 11.50….

택시 요금과 심장 박동이 같이 뛰기 시작하면서 별별 생각이 다 들었다.

'만약 지금 저 금액을 다섯으로 나누면 수중의 2달러 5센트로 충분한데, 숙소는 한참 남았고 나는 돈이 없어. 나중에 돈이 없다고 말하면 다른 사람들이 뻔뻔한 한국인이라고 욕할지도 몰라.'

12, 12.50….

미터기 숫자는 야속하게 계속 올라가고, 내 심장은 번지 점프를 할 때보다 더 쪼그라들었다. 그때 뒤에 타고 있던 남자가 말했다.

"저기, 우리 저 앞 코너에서 세워 주세요. 여기서 맥주 한잔하고 들어가야겠어요."

그러고는 나에게 10달러를 주며 내렸다. 일단 한고비는 넘겼지만 끝난 게 아니었다. 아직 숙소까지는 제법 거리가 남았고 미터기는 멈추지 않았다.

13, 13.50, 14, 14.50, 15….

'하나님 제발 여기서 딱 멈춰 주세요! 제게는 2달러 5센트밖에 없습니다. 여기서 제발 미터기가 딱 멈추게 해 주세요. 제발! 제발! 제발!'

15.5, 16….

하나님의 응답이 없자 나는 2달러 5센트만 가지고 택시를 탄 나 자신을 자책했다.

'아까 같이 내릴걸. 왜 이렇게밖에 못 하는 걸까?'

"잠깐만요."

그때였다.

바로 옆에 타고 있던 여자가 말했다. 그녀는 여기서 장을 보고 들어간다며 미터기를 힐끗 보고는 5달러를 주고 내렸다. 얼떨결에 15달러를 받아 든 나는 그제야 주변을 둘러보았다. 숙소까지 얼마 남지 않았다. 돈이 모자랄 듯하면 도중에 내리면 그만이었다.

17….

바로 앞에 숙소가 보였다. 숙소에 도착하자 기사가 미터기를 누르려는 찰나 숫자가 바뀌었다.

17.5!

나는 전 재산을 그에게 주고 내렸다.

## 빚 갚을 기회를 주다

 새벽 1시, 아르바이트를 마치고 집으로 돌아가는데 맞은 편에서 아이들 소리가 들렸다. 초등학생으로 보이는 아이들이 멀리서 삼삼오오 걸어오고 있었다.
 '왜 이 시간에 아이들이 밖에 나와 있지?'
 그때 가장 작은 여자아이가 길바닥에 주저앉았다.
 "도저히 못 걷겠어. 배고파 죽을 것 같아."
 "너희들, 이 시간에 여기서 뭐 해? 얼른 집으로 돌아가."
 "지금 집에 가고 있어요."
 나는 아이들에게 조금 더 가까이 다가갔다.
 "집이 어딘데?"
 "칠곡이요."
 여기서 차로 20분은 더 가야 하는 거리다.
 "어른들은? 어른은 없니?"
 "낮에 저희끼리 시내로 놀러 나갔다가 돈을 다 써 버렸어요. 그래서 시내에서부터 계속 걸어왔어요."
 자세히 보니 큰 아이들은 5~6학년쯤 되어 보였고, 작은 아이들은 1~2학년쯤 되어 보였다. 문제는 여기서 집까지 걸어가려면 최소한 두 시간은 더 걸어야 한다는 것이었다. 나는 일단 편의점에 가서 빵과 우유를 사서 아이들에게 주며 말했다.

"누나가 택시 잡아줄 테니까 곧장 집으로 들어가. 이건 차 안에서 먹고. 알았지?"

아이들은 고개를 끄덕였다. 나는 얼른 택시를 잡았다.

"기사님, 얘네들 칠곡 아파트까지 부탁드립니다. 그리고 여기."

택시비는 6,000원이면 충분했지만 일부러 만 원을 건넸다.

"기사님, 아이들이 점심을 못 먹어서요. 가는 길에 빵 좀 먹어도 될까요?"

"그럼요. 얘들아, 흘리지 말고 먹어!"

기사님은 기분 좋게 아이들을 받아 주셨다. 나는 아이들의 안전을 위해 차 번호와 기사님 이름을 외웠다.

"너희들 조심히 들어가고, 다시는 이런 짓 하면 안 돼. 잘 가."

그날 내 아르바이트비는 아이들에게 다 써 버렸다.

세상은 가끔 우리에게 빚 갚을 기회를 주는 것 같다.
이 아이들도 또 다른 누군가에게 이렇게 진 빚을 갚으며 살아가길 바란다.
그렇게 세상은 지금도 둥글게 둥글게 굴러간다고 믿고 싶다.

PART 1. 세상
끝.

# PART 2.
# 사람

Chapter 6.
## 우리

## 우리, 많이 미안해하고 있다

"누나! 치킨 먹을래? 나랑 반반 내는 거 어때?"

동생이 헐레벌떡 들어와 메고 있던 가방을 내팽개치고 치킨을 주문했다. 그러고는 교복 차림으로 컴퓨터 앞에 앉았다. 전원을 켜고 부팅되기까지 제법 시간이 걸리는 시대를 살았던 우리는 인내심이 아예 없지는 않았다. 물론 그 시절 어른들 눈에는 그저 숨만 쉬고 학교만 다닐 뿐인데 매달 꼬박꼬박 용돈을 받는 모습이 세상 참 쉽게 사는 것처럼 보였겠지만 말이다.

치킨을 주문한 지 한 시간이 되어 가는데도 도통 소식이 없었다. 동생은 배가 고파서인지 아니면 게임에 계속 지고 있기 때문인지 인내심이 바닥을 드러내고 있었다. 입고 있던 교복을 하나둘 바닥에 벗어 던지더니 마침내 타잔 차림이 되었다.

"아, 치킨 왜 이렇게 안 와! 누나가 치킨집에 전화 좀 해 봐!"

몇 차례 신호 후 돌아온 치킨집 사장님의 답변은 갑자기 주문이 밀려 10분 정도 늦어진다는 것이었다. 나는 그때부터 10분을 세기 시작했다. 초저녁이라 TV도 재미가 없었고 공부는 더욱더 하기 싫었다. 배도 슬슬 고파오면서 애꿎은 밥솥과 냉장고 문만 여닫기를 반복했다. 하지만 10분이 지나도 치킨은 오지 않았다. 아날로그 시계 분침이 집마다 다를 수 있으니 몇 분 더 꾹 참고 기다렸다. 그래도 치킨은 오지 않았다. 참다못한 동생이 다시 전화를 걸었다.

"지금 출발합니다."

"땡동!"

허겁지겁 뛰어가 문을 열며 나는 사장님에게 투덜거렸다.

"왜 이제 오세요? 얼마나 기다렸는데….”

"죄송해요. 갑자기 배달 오토바이까지 고장 나서요."

동생의 찍찍이 지갑에서 한 장뿐인 지폐를 꺼내 사장님 손에 놓았다. 그런데 이마의 땀을 닦고 있던 사장님 손과 내 손이 어긋나며 지폐가 바닥으로 또르르 떨어졌다. 얼른 지폐를 주워서 드려야 했다. 줍기에 내 쪽이 더 가깝기도 했다. 하지만 나는 뚱한 표정으로 그대로 서 있기만 했다. 사장님은 뻣뻣한 몸을 구부려 떨어진 지폐를 줍고는 치킨을 건네주었다.

"맛있게 드세요. 늦어서 죄송합니다."

그때 건네받은 치킨 봉지 손잡이는 땀으로 흥건히 젖어 있었다. 그리고 사장님이 서 있던 자리에도 땀방울이 굵직굵직하게 떨어져 있었다.

## 그 정도의 만남이었다

토익 스피치 학원에서 Z를 만났다. 취업 준비생이던 그녀는 나보다 한참 어렸지만 우리는 제법 잘 맞았다. 매일 아침 7시에 강의를 듣고 카페에서 샌드위치를 나눠 먹으며 각자 공부를 이어 갔다. 그러다 가끔 여유가 될 때는 점심도 같이 먹고 나는 회사로 그녀는 도서관으로 향했다. 함께한 시간은 짧았지만, 매일 보다 보니 금방 가까워졌다.

"오늘은 백화점에 들러 수분크림을 하나 사야겠어."

"언니는 수분크림 뭐 쓰세요?"

"키엘."

"저도요. 그거 진짜 좋죠."

그날 Z와 같이 백화점에 갔다.

"이거 하나 주세요."

그때 옆에 있던 그녀가 혼잣말했다.

"나도 수분크림 다 썼는데, 오늘 카드를 안 가져왔네…."

"그래? 내 카드로 결제하고 네가 송금해 주면 되지 않을까?"

"그럴까요? 그러면 저도 하나 주세요."

그날 저녁, 갑자기 토익 스피치 학원에서 연락이 왔다. 학원 사정으로 스피치 수업 진행이 어려울 것 같다며 전액 환불 조치한다는 내용이었다. 나는 Z에게 전화를 걸었다. 다시 등록할 학원 정보를 공유하자며 어느 때와 같이 대화하고 끊었다. 그리고 수분크림 결제가 생각나서 계좌번호를 보냈다.

하지만 Z는 그날 이후 나의 전화와 문자를 일절 받지 않았고, 우리는 연락이 끊겼다.

## 문과적인 정산을 했다

  20대 중반, 한 달 동안 싱가포르와 말레이시아로 배낭여행을 떠났다. 싱가포르는 아주 깨끗했지만, 어마어마한 물가가 나를 기죽게 했다.

  첫째 날 아침, 숙소에서 무료로 제공하는 시리얼과 잼 바른 토스트를 먹고 거리로 나왔다. 사진으로만 접했던 싱가포르의 청량한 이미지는 6월의 높은 습도를 담아내지는 못했던 것 같다. 5분만 걸어도 땀이 찼고, 신경 쓴 화장은 덕지덕지 밀려 버렸다. 첫째 날 계획은 머라이언 공원을 따라 앤더슨 다리를 건너 엘리자베스 로드까지 산책 삼아 돌아보는 것이었지만, 땀에 절어 무산될 위기에 놓였다. 그때 휘황찬란한 꽃 자전거가 시야에 들어왔다. 말이 꽃 자전거지 리어카에 자전거를 달고 꽃으로 장식한 거였다. 그래도 몇몇 외국인은 꽃 자전거를 타고 유유자적 시내를 누비고 다녔다. 확실한 건 택시보다 감성적으로 보였고, 뽀송뽀송한 메이크업도 지켜 줄 수 있을 것 같았다. 나는 가장 화려한 꽃 자전거에 다가갔다.

  "엘리자베스 로드까지 가는 데 얼마예요?"

  "일단 타!"

  "네? 가격이 중요해요. 얼마예요?"

  "택시비보다 싸. 걱정하지 말고 타기나 해."

나의 이과적인 질문에 그는 문과적인 대답을 했지만 일단 타기로 했다. 하지만 자전거를 탄 지 1분도 채 되지 않아 내가 놓친 게 보였다. 하필 내가 고른 자전거 기사는 마른 체구의 할아버지였다. 젊고 힘 좋은 기사들이 우리 자전거를 추월해 하나둘 앞으로 밀고 나가기 시작했다. 결국 꽃 자전거의 로망은 사라지고 몸도 마음도 불편해진 나는 간들바람에 뱅그르르 돌아가는 빨강 바람개비만 물끄러미 바라보았다.

'이미 엎질러진 물이야. 그냥 내일부터는 웬만하면 걸어 다니자!'

그때였다. 갑자기 꽃 자전거가 멈칫하더니 뒤로 미끄러져 내리는 것이었다. 오르막길 초입에 들어선 것이다. 힘껏 페달을 밟는 할아버지의 허벅지는 뒤에 앉아 있는 나의 것보다 훨씬 가늘었다. 나는 다급히 말했다.

"내가 내릴까요?"

"아냐! 아냐! 그대로 있어!"

오히려 더 다급해진 그가 재빠르게 자전거에서 내렸다. 그는 자전거를 끌고 힘겹게 오르막을 오르기 시작했다. 끙끙 앓는 소리를 내더니 처음 듣는 낯선 언어로 혼잣말했다. 나는 숨죽인 채 정상 도달을 응원했다. 마침내 정상을 찍고 내리막길로 접어들었다. 산들바람에 바람개비가 다시 도르르 돌아갔다. 잠시 평안함을 찾은 나는 목적지에 도착해 정산하는 시간을 가졌다.

"감사합니다. 얼마 드리면 될까요?"

"잠깐만!"

그는 주머니에서 꽃 자전거 자격증을 내밀며 밑에 적힌 숫자를 손가락으로 가리켰다.

"38달러."

"38달러?"

"택시비가 20달러예요. 아까 분명히 택시비보다 싸다고 말했잖아요! 그러면 이 가격이면 안 되죠!"

"여긴 정찰제야! 38달러를 내야 해. 여기 38달러라고 적혀 있잖아!"

"지금 38달러가 없어요!"

"그러면 경찰서에 가야지!"

'싱가포르에 온 첫날부터 경찰서라니…. 더군다나 엄청난 범칙금으로 악명 높은 이 나라에서 보잘것없는 관광객인 나에게 과연 선처를 베풀까?'

머릿속이 하얘졌다. 일단 지갑을 털어 있는 돈을 모두 꺼냈다. 23달러가 전부였다. 티셔츠 안 얇은 복대를 만지작거리며 그 안에 넣어둔 비상금을 꺼내려던 찰나 그가 내 손에 든 23달러를 낚아챘다.

"이 돈 주고 꺼져!"

그러고는 한결 가벼워진 꽃 자전거를 밟으며 금세 사라졌다. 나는 멍하니 서서 저 멀리 화려한 꽃 자전거 무리에 섞여 가는 그를 바라보며 헛헛한 한숨을 내쉬었다.

'오늘 당신의 호구는 바로 나였군요.'

## 타인의 시선이 가장 두려웠다


수현이는 그냥 엄마 친구의 아들이다. 영감님 같은 굵은 목소리, 더듬거리는 말투, 그리고 공부까지 못해 학교에서 아웃사이더였다.

급식 시간에 김치 배식을 담당할 때였다. 평소 매운 음식을 못 먹는 그를 잘 알기에 일부러 김치를 몇 조각만 주었다. 옆에서 지켜보던 친구가 못마땅한 듯 말했다.

"야, 너 이수현 좋아하냐? 왜 맛없는 김치를 쟤한테는 조금 주는데?"

그때는 주변의 시선이 인생의 전부였던 시절이었다.

다음 날 주변을 살피며 조금 떠서 준다는 게 그만 수현이 밥에 김치를 떨어뜨리고 말았다. 하지만 눈치 없는 수현이는 되레 큰 소리로 말했다.

"야! 내 밥!"

옆에 있던 한 친구가 더 크게 말했다.

"이수현, 너는 김치가 왜 이렇게 적어?"

"쟤 이수현 좋아하는 거라니까."

"얼레리꼴레리!"

전교생 조례가 있는 날이었다. 실내화를 갈아 신고 운동장으로 향하는데 신발장 앞에서 수현이가 한 무리의 구경꾼에 둘러

싸여 우왕좌왕하고 있었다. 누군가가 수현이의 신발을 숨긴 것이다. 모른 척 옆을 지나 신발을 꺼내는데 뒤통수에 굵직한 목소리 한 방이 날아들었다.

"기영아! 너 혹시 내 신발 못 봤어?"

순식간에 주변이 아수라장이 되었다. 수현이가 성을 빼고 나를 불렀기 때문이다.

"기영이래!"

"이수현! 너 이기영 좋아하냐?"

수현이를 둘러싸고 있던 무리가 나를 에워싸더니 웨딩 마치를 울려 댔다.

"딴 딴 따단, 딴 딴 따단~"

그날 이후 나는 전교 아웃사이더의 여자친구가 되어 우울한 학교생활을 했다.

또 다른 어느 날이었다.

"기영아, 엄마 오늘 수현이 집에서 계모임 있어. 학교 마치고 수현이 집으로 와."

돈도 없으면서 괜히 문구점만 서성거리다가 아이들이 사라지는 것을 확인하고는 수현이 집으로 향했다. 마을 어귀 느티나무 아래에서 수현이가 기다리고 있었다. 나는 본 척 만 척하며 발에 걸리는 돌멩이를 툭툭 찼다. 집 안으로 들어서자 거실에 똑같은 머리를 한 아주머니들이 번들거리는 얼굴로 나란히 누워 있었다.

"너희는 먹을 거 챙겨서 수현이 방에 가서 놀아."

친구들은 수현이가 더럽다고 했지만, 그의 방은 아주 깨끗했다. 수현이가 더럽다고 소문나게 된 사건이 있었다. 급식에 미역무침이 나온 날이었다. 그날 배식 당번이 많은 양의 미역무침을 수현이에게 주었고, 그걸 억지로 먹던 수현이가 그 자리에서 토했기 때문이다. 그날 이후 아이들은 수현이를 전염병 환자처럼 취급했다. 여학생들은 그와 조금만 피부가 닿아도 소스라치듯 놀라며 호들갑을 떨었다.

수현이 방에 들어가 숙제부터 폈다. 양손에 먹을 걸 잔뜩 들고 온 수현이도 바닥에 내려놓으며 말했다.

"나도 숙제부터 해야겠다!"

같이 숙제를 끝낸 후 수현이는 보물 상자를 꺼내 이것저것 보여 주었다. 마치 어릴 때로 돌아간 것 같았다.

문제는 다음 날이었다. 수현이가 어제 같이했던 숙제를 가져오지 않은 것이다. 수현이는 계속 가방을 뒤적이며 숙제를 찾았고 한두 번이 아닌 그의 행동에 선생님은 화가 났다.

"수현이! 너 또 숙제 안 했니?"

"이번에는 진짜 했어요, 선생님!"

"잔말 말고 앞으로 나와!"

순간 책상을 내려치는 선생님의 회초리를 본 수현이는 몸을 부르르 떨며 앞으로 나아갔다. 그러고는 큰 소리로 말했다.

"어제 기영이랑 우리 집에서 같이 숙제했다고요, 선생님!"

순간 세상의 모든 불빛이 내 머리 위로 쏟아졌고 주변에서는 아이들의 웅성거림이 무섭게 내달리고 있었다. 이를 저지하는 선생님의 목소리는 교실 안에서 스르르 흩어질 뿐이었다.

"기영아! 수현이 말이 사실이니?"

순간 선생님의 단호한 눈빛도, 아이들의 호기심 가득한 눈빛도, 수현이의 간절한 눈빛도 나에게는 무의미했다.

"아니요!"

## 하나를 보고 열을 아는 체했다

수능 시험이 끝난 후 구인 광고를 뒤적거렸다.
○○주유소
주유원 구함
평일 15~21시

주유소 위치는 집에서 10분 거리였다. 사장님은 학교와 학년만 물어본 뒤 바로 채용했다. 그러고는 나보다 몇 개월 앞서 들어온 또래의 아르바이트생을 불렀다.

"내일부터 같이 일할 거야. 너랑 동갑이고, 아르바이트는 처음이라고 하니 네가 잘 가르쳐 줘."

"네, 그러죠 뭐."

가벼운 말투에서 느껴지는 그녀의 모습은 한눈에 봐도 나와는 결이 다른 아이였다.

"잘 봐! 이건 주유 건이야. 앞쪽은 경유고, 뒤쪽은 휘발유. 차들이 알아서 그 앞에 설 거야. 그러면 먼저 인사하고, 얼마나 주유할 건지 물어봐. 그런 다음 가격을 입력하고, 주유구 뚜껑을 열고, 이렇게 주유 건을 당기면 돼."

마침 승용차 한 대가 들어왔다.

"따라와! 그리고 잘 봐."

"어서 오세요, 손님! 얼마나 주유해 드릴까요?"

"만땅."

"만땅?"

"가득 넣어 달라는 뜻이야. 주유소 용어니까 외워 둬."

잠시 후 또 한 대가 들어오더니 반대편 주유기 앞에서 멈췄다. 그녀는 재빠르게 눈짓을 보냈다.

"뭐 해? 안 가?"

"어, 어서 오세요. 손님."

얼떨결에 손님에게 뛰어갔다.

"얼마나 주유해 드릴까요?"

"풀!"

"푸울이요?"

"가득 넣어 달라는 거야. 영어로 full."

반대편에서 나를 지켜보던 그녀가 한심하다는 듯 소리쳤다. 그때 나는 어리바리했지만, 왠지 모를 오기가 발동했다. 그녀가 계속 나를 지켜보고 있다는 것을 의식하며 침착하게 주유구를 열었다. 주유 건을 잡고 구멍에 넣은 다음 손잡이를 세게 당겼다.

촬촬촬촬.

기름이 세차게 흘러가는 소리에 왠지 모를 뿌듯함이 느껴졌다. 고개를 들어 그녀를 보았지만, 그녀는 더는 나를 보지 않고 의자에 앉아 핸드폰에 새로 산 고리를 달고 있었다. 그렇게 내 생애 첫 손님을 보내고 그녀 옆에 앉았다.

"야, 너는 인문계 다니는 애가 full이라는 영어 단어도 모르냐?"
"그 풀이 그 full인지 몰랐어."
"나 담배 한 대 피우고 올게. 사장님한테는 비밀이다."
아르바이트 사흘째 되는 날이었다. 큰 SUV 한 대가 주유소 안으로 들어왔고, 그녀는 전화 통화를 하며 내게 눈짓을 보냈다.
"어서 오세요! 얼마나 주유해 드릴까요?"
"만땅."
"네, 만땅 주유하겠습니다."
비록 사흘 차이지만 용어도 제법 익숙해지면서 조금씩 자신감이 붙었다. 주유하는 동안 그녀를 바라보았다. 그녀는 나를 보지 않고, 웃으며 창밖만 보며 몸을 비비 꼬았다. 그때 갑자기 손님이 흥분하며 말했다.
"야! 너 그거 경유 맞아?"
"네? 휘발유인데요?"
"너 미쳤어? 이거 경유 차야."
손님은 시동을 끄고 고래고래 소리를 지르며 차 밖으로 나왔다. 무슨 상황인지 알 리가 없는 나는 여전히 경유 차에 휘발유를 만땅으로 주유하고 있었다. 사장님이 허겁지겁 밖으로 나오더니 주유기를 끄고 내 손에서 주유 건을 얼른 낚아챘다. 뒤이어 그녀도 밖으로 나왔다. 사장님은 그녀에게 말했다.
"얼른 정비소에 가서 경진이 삼촌 불러 와."
몇 분이 채 지나지 않아 경진이 삼촌이 장비 가방을 들고 투덜거리며 주유소로 들어왔다. 그는 덩치에 비해 날렵한 몸놀림으로 차 밑으로 들어가 내가 만땅으로 주유한 휘발유를 빼내기 시작했다. 그런 다음 엔진을 점검했다. 분이 풀리지 않은 손님은 연신 씩씩거렸다.

"엔진은 더 볼 것도 없어. 벌써 소리부터가 달랐다고. 이미 끝났어, 아까."

나는 두려웠다. 2,000원 벌러 왔다가 2,000만 원을 물어야 할지도 몰랐다. 하지만 경진이 삼촌이 구세주가 되어 주었다. 차 밑에서 고개만 슬쩍 내밀며 동글동글한 표정으로 말했다.

"엔진에는 아무 이상 없습니다."

사장님은 손님의 화를 누그러뜨린 다음 서비스로 경유를 가득 넣어 주었다. 상황이 일단락되자 사장님은 바지를 툭툭 털며 말했다.

"하필 저 차가 휘발유 앞에 서 있을 게 뭐야? 괜찮아, 다음부터 좀 더 조심하면 돼. 큰 차들은 경유 차니까 주유하기 전에 꼭 물어봐."

나는 기진맥진해 털썩 주저앉았다. 그 순간 옆에 있던 그녀가 핸드폰 고리를 만지작거리며 고개를 절레절레 저으면서 혀끝을 찼다.

"쯧쯧쯧, 너 앞으로 사회생활 하기 참 힘들겠다."

## 구린 영어를 더 부끄러워했다

　호주 시드니로 돌아왔다. 한국에 들어가기 전 이곳에서 사나흘 머물 예정이었다. 정미는 배낭여행 중 만난 친구로, 울산에서 온 그녀는 1년 동안 휴학하고 마트에서 아르바이트하며 번 돈으로 배낭여행을 왔다.
　"블루마운틴에 가 보셨어요?"
　"블루마운틴?"
　"꼭 한번 가 보세요. 일몰이 진짜 예뻐요. 그리고 고대 유칼립투스인가 뭔가 때문에 진짜 산이 파란빛이더라고요."
　숙소에서 만난 여행자 사이에서 나온 대화였다. 이를 묵묵히 듣고 있던 정미가 방으로 돌아와 블루마운틴에 가고 싶다고 했다. 사실 나는 남은 돈을 그곳에 쓰고 싶지 않았다. 그런 내 마음을 눈치챈 그녀가 말했다.
　"아까 그 사람 말대로 스트라스인가 어딘가까지만 가는 표를 사면 되지 않을까?"
　"그러다가 걸리면 100달러 내야 해!"
　"표 검사를 안 한다고 하잖아. 그 사람들도 그렇게 다녀왔다고 했어!"
　"하긴, 거기 다녀온 사람 중에 표 검사를 했다는 사람은 한 명도 없었어."

블루마운틴까지 가는 왕복 기차비는 25달러지만, 중간 환승역인 스트라스필드까지는 5달러였다. 우리는 20달러를 아껴 스테이크를 먹겠다고 그런 편법을 썼다.

다음 날 어제 남은 초밥을 챙겨 들고 낭만의 블루마운틴으로 향했다. 한 달 동안 지겹도록 본 호주 풍경이지만, 기차 안에서 보니 또 다른 운치가 있었다. 하지만 기차가 정차할 때마다 심장이 콩닥거렸다.

'만약 여기서 걸리면 남은 100달러는 나라 망신과 함께 허공에 날리는 것이다.'

환승역인 스트라스필드역은 정차 시간이 조금 더 길었다. 우리는 '운수 좋은 날'의 김 첨지처럼 역사에서 멀어질수록 마음이 가벼워졌다. 그렇게 다음 역, 다음 역을 무사히 지나가고 있었다. 그런데 갑자기 어디선가 경찰이 나타났다. 듬성듬성 앉아 있는 승객들을 거쳐 우리에게 온 경찰은 어린 동양 소녀에게 활짝 웃으며 인사를 했다.

"티켓."

우리는 가방에서 주섬주섬 표를 꺼내 경찰에게 건넸다. 표를 확인한 경찰은 서로 눈빛을 주고받았고 나는 정미와 눈치를 주고받았다.

"너희 어디로 가는 거야?"

"스트…롱…필드…."

정미는 아주 스트롱한 발음으로 대답했다. 얼어붙은 나와 달리 그녀는 모든 총대를 메기로 결심한 듯 단호했다. 표를 살 때부터 이 지명은 그렇게 입에 붙지를 않더니 결국 여기서도 사달이 나고 말았다.

"스트로? 뭐?"

"스트로웅스 필드?"

정미는 우리가 저지른 잘못보다 구린 영어 발음이 더 부끄러웠는지 말끝을 살짝 흐렸다. 경찰도 전혀 알아들을 수 없다는 듯 고개만 갸우뚱거렸다. 나 또한 위축되어 있었지만, 한 번 더 기어들어 가는 목소리로 발음을 굴렸다.

"스트라스필드."

그때였다.

"오우! 스트라뜨피-ㄹ-드(Strathfield)!"

우리는 장식용 인형처럼 마구마구 고개를 끄덕였다. 그러나 곧바로 그들은 미간을 찌푸렸다.

"음, 너희 어떡하니? 길을 잃었어! 스트라뜨피-ㄹ-드는 한참 지났다고!"

어리숙한 표정을 짓는 우리에게 그들은 천천히 말해 주었다.

"그러니까 너희는 다음, 다음 환승역에서 내려야 해. 그리고 왔던 길을 돌아가야 해. 무슨 말인지 이해했어?"

우리는 다시 고개를 끄덕였고, 그들은 다음 역에서 내렸다.

그리고 우리는 곧바로 블루마운틴으로 향했다.

## 강강약강을 방관했다

작은 시골 초등학교에서 4년을 지내다 보니 자연스레 강자, 약자, 방관자 무리로 나누어졌다. 쉬는 시간에 종이 울리면 우리는 운동장으로 나와 두 개뿐인 그네를 차지하기 위해 쟁탈전을 벌였다. 일찌감치 출발한 A를 가까스로 따라잡았으나 간발의 차이로 놓쳤다. A는 그넷줄 두 개를 동시에 낚아채며 말했다.

"하나는 내 거고, 하나는 K에게 줄 거야."

K는 강자답게 뒤에서 유유히 걸어오며 A로부터 그네를 건네받았다. 그리고 한참을 타더니 선심을 쓰듯 나에게 넘겨주었다. 신이 난 나는 곧장 그네를 세게 굴려 하늘 높이 솟아올랐다. 하필 그때 수업 종이 울렸다. K는 자기 무리와 시시덕거리며 교실로 뛰어 들어갔다.

그런 K의 권력은 4년 동안 점점 세졌고, 나를 포함한 몇몇 여학생은 그녀에게 굴림 당했다. 남학생들은 모두 방관자가 되었으며, 은근히 K의 편이 되기도 했다.

가을운동회 준비로 학교 전체가 들떠 있었다. 운동회의 꽃인 전 학년 계주는 학년별로 여학생이 두 명씩 선출되었는데 나는 청팀, K는 백팀 대표가 되었다.

갑자기 K는 나를 친절하게 대하기 시작했다. 고무줄 놀이를 할 때도, 급식을 먹을 때도 내 옆에 찰싹 붙어서 이것저것 챙겨

주더니 드디어 속셈을 드러냈다.

"운동회 때, 계주 뛸 때 말이야. 슬렁슬렁 뛰어 줄 수 있어? 제발 부탁이야."

"그래, 알았어!"

그렇게 어려운 부탁도 아니었다. 솔직히 나는 달리기에서 느끼는 희열보다 K가 주는 달콤함이 더 좋았다.

운동회날, K와 악대 퍼레이드를 마치고 사이좋게 계주를 준비했다. 출발선에는 잔뜩 긴장한 1학년 꼬맹이들이 흰 선을 밟지 않으려 애쓰고 있었다.

"탕!"

총소리와 함께 계주가 시작되었다. 백팀이 앞서고 있었지만, 간격은 크게 벌어지지 않았다. 나란히 출발선에 들어선 K는 나를 향해 웃음의 윙크를 날리더니 바통을 넘겨받아 내달리기 시작했다. 나는 적당히 거리를 유지하며 그 뒤를 따라갔다. 코너를 돌 때였다. 아버지의 목소리가 들렸다. 아버지가 오셨다. 평일이라 회사에 계신 줄 알았던 아버지가 이곳에서 내 이름을 부르고 있었다.

"기영아! 뛰어!"

아버지와 눈이 마주쳤다. 아버지에게 멋진 모습을 보여 주고 싶었다. 나는 전력으로 질주해 K를 추월했고, 울려 퍼지는 함성에 더 빨리 앞으로 나아갔다. 다음 주자인 5학년 선배는 출발선에서 멀찍이 앞으로 나가 나를 기다리고 있었다. 그렇게 우리

팀이 계주에서 이기면서 K는 백팀의 역적이 되었고, 나는 K의 역적이 되었다.

K는 자신의 권력을 과시하며 여학생들에게 나와 놀지 못하도록 엄포를 놓았고, 나는 4학년의 왕따가 되어 버렸다. 물론 내가 K와의 약속을 지키지 않은 대가이기도 했다.

왕따가 된 나의 학교생활은 오히려 편했다. K에게 더는 굴림 당할 필요도 없고, 예쁘지 않은 그녀에게 예쁘다고 말할 필요도 없었다. 모든 게 K 중심으로 돌아가는 세계를 벗어나게 되어 더 홀가분했다. 그렇게 나는 아주 잘 지냈다. 하지만 K는 그런 나를 아주 못마땅히 여겼다.

K는 교묘하게 나를 괴롭히기 시작했다. 체육 시간에 피구 할 때 아이들을 시켜 나만 공격하게 했고, 급식 때도 엉망으로 배식해 주었다. 또 새로 산 크레파스를 빌려 가서는 가장 아끼는 금색과 은색을 일부러 부러뜨린 후 돌려주었다. 그렇게 몇 개월째 이어지던 K의 공격이 멈춘 건 주변에 목격자가 많아서가 아니라 K의 무리가 하나둘 다른 학교로 전학을 갔기 때문이다.

K는 점점 이빨 빠진 호랑이가 되었고, 나 또한 전학을 가는 바람에 K는 완전히 혼자가 되었다.

## 사기는 처음이었다

아르바이트 면접을 마치고 집으로 돌아가는 길에 어떤 대학생이 나를 불러 세웠다.
"학생!"
"저요?"
"응! 학생, 혹시 책 좋아해?"
본능적으로 드러난 표정과 눈빛이 그에게 읽히고 말았다. 그는 책이 가득 실린 트럭으로 나를 데려갔다. 트럭 안에는 베스트셀러와 수능 필독 도서가 잔뜩 실려 있었다. 그는 자신을 '주문식 도서관' 직원이라고 소개했다. 월 8,000원의 구독료로 읽고 싶은 책을 마음껏 읽을 수 있도록 집으로 보내 주고, 또 직접 수거하는 방식의 도서관이라고 했다.

'매월 8,000원에 베스트셀러를 마음껏 읽을 수 있다니….'

한 달 용돈 중에서 매달 8,000원을 내는 건 큰 무리가 없을 듯했다. 그는 계약서부터 내밀었다. 나는 책을 받아 볼 집 주소와 전화번호를 또박또박 기재했다. 계약서 마지막 서명란에 사인을 할까 하다가 그날 학교에서 받은 인감도장이 있다는 게 생각났다. 어른들처럼 계약서에 도장을 찍어 보고 싶었는데 이렇게 빨리 기회가 올지는 몰랐다. 가방을 뒤적이며 도장을 찾을 때 그가 말했다.

"학생, 그런데 선금으로 먼저 8,000원을 내야 해. 혹시 지금 돈 가진 거 있어?"

"네!"

나는 지갑을 열어 그에게 5,000원짜리 한 장과 1,000원짜리 세 장을 내밀었다. 그리고 가방 구석에서 도장도 찾아냈다.

"제가 오늘 학교에서 인감도장을 받았거든요. 이거 장애인들이 직접 만든 건데 봉사부장인 제가 운 좋게 뽑혔지 뭐예요!"

한껏 들뜬 나는 오색주머니에서 도장을 꺼내 입김을 호호 불었다.

"학생, 우리는 인주를 가지고 다니지 않아!"

"괜찮아요. 아까 학교에서 몇 번 찍어 봐서 인주가 아직 남아 있을 거예요."

그가 필사적으로 손으로 막으며 말했다.

"저기, 학생! 이건 인감도장이야. 인감도장은 이렇게 아무 데나 찍는 거 아니야."

나의 첫 계약서에 내 인감을 찍는 게 뭐가 그리 잘못된 건지 그때는 몰랐다.

그렇게 계약한 주문식 도서관의 고지서는 매달 날아들었고, 나는 꼬박꼬박 입금했다. 몇 달 후 돈이 아까웠던 나는 전화를 걸어 대출이 가능한 도서 목록을 보내 달라고 했다. 며칠 뒤에 날아온 도서 목록은 오성과 한음, 논어 등 온통 오래된 책뿐이었다. 뭔가 착오가 있는 듯해 전화를 걸어 문의했다. 분명 계약할 때는 베스트셀러가 많았는데 왜 목록에는 오래된 책뿐인지 물었고, 그들은 갑자기 도서관이 인기가 많아져 다른 사람들이 벌써 대출해서 그런 거라고 했다. 그제야 감이 왔다.

"저 계약 해지하고 싶어요."

"해지? 학생, 계약서를 제대로 못 본 모양인데 1년이 지나야 해지할 수 있어요. 안 그러면 위약금의 열 배를 물어내야 해요."

"위약금이요?"

나는 매달 8,000원을 울며 겨자 먹기로 냈다. 그리고 마지막 고지서가 왔을 때는 너무 화가 나서 고지서를 바로 찢어 버렸다.

'될 대로 되라지 뭐! 나중에 다시 전화 오면 고지서를 못 받았다고 우기면 되지!'

이상하게도 더 이상 전화는 오지 않았다. 그리고 몇 달 뒤 그가 직접 전화를 걸어 왔다. 나는 마지막 대금 때문에 전화한 것이라 짐작했다. 하지만 그는 다짜고짜 변명부터 하기 시작했다.

"미안해, 학생. 나도 이런 일은 처음이었어. 나도 이런 건 줄 몰랐어. 암튼 나도 사정이 생겨서 그렇게 되었는데…. 학생, 진짜 미안해!"

## 은밀한 침입자였다

친구 아버지 덕분에 방송국을 구경하게 되었다. 음악 방송 녹화 한 시간 전, 남자 아이돌들이 차에서 내려 우리 앞을 지나갔다. 그때 처음으로 내 심장의 위치를 정확히 알게 되었다.

'분명, 천국에 남자가 존재한다면 저렇게 생겼을 거야.'

그리고 얼마 후 여자 아이돌들이 분장실에서 나왔다. 세상이 나에게 주는 서프라이즈 선물 같았다. 내 팔보다 가늘고 긴 다리, 크림빵보다 작은 얼굴, 그 안에 가지런히 놓인 눈, 코, 입. 내 앞을 총총히 걸어가는 모습이 마치 산책 나온 요정들 같았다.

"안녕!"

상냥하게 건네는 한 여자 아이돌의 인사가 나를 더 몽롱하게 만들었다. 그날 나는 반쯤 넋이 나간 채 집으로 돌아왔고, 다음 날부터 그녀를 파기 시작했다. 이 모습을 보던 친구가 종이를 내밀었다. 전화번호가 적혀 있었다.

"○○ 언니 전화번호야."

"진짜?"

"한번 확인해 봐!"

전화벨이 한두 번 울리더니 음성 메시지로 넘어갔다. 정말 그녀의 목소리였다. 그때부터 나는 그녀의 은밀한 침입자가 되었다. 아침에 눈 뜨자마자 전화를 걸어 똑같은 음성 메시지를 들고, 자기 전에도 똑같이 반복했다. 혹시나 그녀의 전화번호가 바뀔까 봐 노심초사하기도 하고, 가끔 달라지는 음성 메시지를 들을 때마다 나 혼자만 아는 비밀을 간직하는 기분이 들었다.

어느 날 새벽, 잠이 오지 않아 그녀의 번호를 눌렀다.

여느 때처럼 신호음이 울리고 음성 메시지로 넘어가리라고 짐작했는데, 갑자기 그녀의 목소리가 생생하게 들려왔다.

"여보세요?"

나도 모르게 전화를 끊어 버렸다. 너무 놀라고 실감이 나지 않았지만, 한편으로는 조금 설레기도 했다. 다음 날에도, 그다음 날에도 계속 같은 시간에 전화를 걸었다.

"여보세요?"

살짝 욕심이 생긴 나는 이번에는 수화기를 들고 계속 기다려 보기로 했다.

"여보세요? 여보세요?"

그때였다. 뭔가 잘못되어 가고 있었다. 저 멀리서 흐느끼는 소리가 들려왔다. 그리고 세상에서 가장 아름다운 그녀가 눈물을 삼키며 조용히 말했다.

"○○이니?"

나는 수화기를 내려놓았다. 마음이 무거웠다. 보석 같은 그녀의 삶에 내가 침입자가 되어 있었다. 게다가 나는 그녀가 기다리던 사람이 아니었다.

며칠 후, 그녀의 열애설이 터졌다. 그날 밤 수화기 너머로 찾던 이름이었다. 그녀는 그에게 할 말이 참 많았던 것 같았다. 그는 침묵으로만 일관했지만, 그녀는 계속 기다렸던 것 같다. 결국 그녀가 기다리는 건 오지 않았다. 작은 진동에도 흠칫 놀라며 켜켜이 쌓여 가던 기대감마저 뭉텅이로 맴돌다가 한꺼번에 떨어져 버린 것 같았다.

   그들은 서로 연애설을 부인했다.

## 아직도 무임승차자다

 캐나다 배낭여행 중에 있었던 일이다. 로키를 지나 중부 리자이나로 접어들었다. 넓은 밀밭 끝에 걸린 노을이 매력적인 이곳에서 토론토까지는 버스로 열여섯 시간을 더 가야 했다. 나는 숙박비도 아낄 겸 야간버스를 선택했다. 하지만 야간버스는 비행기처럼 열여섯 시간을 쉬지 않고 달리는 게 아니었다. 다섯 시간쯤 가다가 휴게소에 들러 다른 버스로 환승하고, 또 여섯 시간쯤 달려 또 다른 버스로 환승해야 했다.

 두 번째 버스로 환승한 뒤 곧바로 잠이 들었다. 그런데 어디선가 청국장 냄새가 났다. 잠결에 코를 자극하는 구수한 청국장 냄새에 입맛까지 다셨지만, 동시에 뭔가가 뇌리를 스쳐 갔다.

 '여기는 캐나다야! 여기서 청국장 냄새가 날 리 없잖아?'

 잠에서 깨어 주변을 두리번거렸다. 청국장 냄새 주범은 근처에 앉은 노숙자들의 침낭이었다. 다음 환승 때는 무조건 그들과 멀리 떨어져 앉기로 마음먹었다. 마침내 세 번째 환승. 나는 한국인의 재빠른 근성으로 앞쪽 가장자리를 일찌감치 차지했다. 노숙자 한 명을 보기 좋게 따돌렸지만, 또 다른 노숙자가 내 맞은편 옆자리에 앉았다. 버스는 만석이었고, 내가 피할 곳은 어디에도 없었다. 게다가 세 번째 버스 기사는 검수를 제대로 하지 못해 출발 시간이 계속 지연되고 있었다. 승객 한 명이 무임승차를 했다는 것이었다. 그는 무임승차자를 찾을 때까지 출발할 의지가 없어 보였다. 새벽 4시, 쏟아지는 잠을 겨우 참으며 무작정 기다렸다.

"이상하게 표가 한 장 계속 비네요. 표 검사를 다시 한번 하겠습니다."

두 번째 검수가 시작되었다. 기사는 똑같은 말을 반복했다.

"표 한 장이 모자라요!"

버스 안에 있던 사람들이 주변을 이리저리 살폈다. 짧고 간단한 시선이 건너가는 듯했지만, 유독 한 명에게 길고 반복되는 시선이 이어졌다. 바로 버스 안에 있는 유일한 동양인인 나였다. 버스 기사 뒤에 앉은 남자가 나를 힐끗 보며 말했다. 하지만 기사의 한마디에 그는 곧바로 수긍했다. 그가 옆에 앉은 사람에게 혼잣말처럼 말하자 그녀가 뒤를 돌아 나를 보았다. 그러다가 나와 눈이 마주치자 애써 입가에 힘을 잔뜩 주어 입꼬리를 위로 쭉 끌어당겼다. 그때 갑자기 맞은편 옆에 앉은 노숙자가 나에게 물었다.

"당신, 표 있어? 있으면 좀 보여 줄래?"

무례한 시선, 무지한 말투. 맞서고 싶었지만, 주변의 하얗고 노란 배경에 눌리고 말았다. 나는 바닥에 내려놓은 배낭 지퍼를 열고 교통카드 한 장을 꺼냈다.

"나는 45일 패스를 가지고 있어!"

비록 그들이 가진 만 원도 채 되지 않는 표가 아니라 50만 원이 넘는 교통 패스를 가지고 있었지만, 이미 그들에게는 무임승차자였던 것이다.

## Chapter 7.
## 여자

## 여자, 보이는 게 전부가 아니다

 살을 에는 듯한 한파가 찾아온 날이었다. 아침부터 부랴부랴 집을 나섰다. 약속 장소로 향하기 전 근처 백화점에 잠시 들렀다. 목도리와 스타킹을 파는 1층 매대를 비집고 들어가 제일 탄탄해 보이는 검은색 스타킹을 하나 골랐다.
 "이걸로 할게요."
 이미 굵은 목도리를 하나 걸치고도 색깔만 다른 목도리를 양손에 들고 있던 할머니가 나를 보며 넌지시 말했다.
 "젊으니까 좋군요! 이 날씨에 맨다리로 밖을 나온 거 보니까."
 옆에서 같이 목도리를 고르던 눈들이 일제히 내 다리로 쏠렸다.
 "확실히 젊음이 다르네! 이 한겨울에 맨 다리라니!"
 머쓱해진 나는 민망한 듯 말했다.
 "일부러 안 신은 게 아니라 스타킹 신는 걸 깜빡한 거예요."

## 전쟁은 사소한 곳에서 발발한다

 문화센터에서 '시니어 영어교실' 강의가 있는 날이었다. 일찍 온 시니어 회원들이 옹기종기 모여 달콤한 티 타임을 보내고 있었다. 그때 연세가 가장 많은 여사님이 들어왔다. 그녀의 달라진 머리 스타일에 모두 감탄했다.
 "언니, 머리하셨네요?"
 "언니는 얼굴이 하얘서 뭘 해도 잘 받는다."
 "언니는 파마도 잘 나오네요."
 훈훈한 분위기가 계속되는 가운데 구석에서 얌전히 앉아 책만 보던 다른 여사님이 한마디 하셨다.
 "그래도 나는 지난번 머리가 더 나은 것 같아요."
 무르익어 가던 분위기가 순식간에 싸늘해지고, 용기 있게 나서는 사람 하나 없었다. 한곳에 모여 있던 퍼즐 조각이 제자리를 찾아가듯 모두 자리로 돌아가 버렸다. 그리고 당사자는 수업 내내 새초롬하게 앉아 그쪽으로 아예 눈길조차 주지 않았다.

## 절대 강자는 신흥 세력에 밀린다

목욕탕 장기 회원들은 목욕탕 운영에 꼭 필요한 절대 강자들이다. 그들은 서로를 '언니'라고 부르며 친자매보다 더 끈끈한 우정을 과시한다. 또 그 무리는 뭉쳐 있을 때만 힘이 세지고, 가끔 무리에서 이탈한 사람이 있으면 스스럼없이 타깃으로 삼는다.

문제는 그 무리가 너무 시끄럽다는 것이다. 그날도 어떻게든 그들의 소음을 피하고 싶은 마음에 탕 속으로 잠수했다. 물속은 아주 고요했지만, 잠수를 끝내고 올라오자 물 밖은 그렇지 못했다. 그날은 내가 타깃이었다.

"왜 탕 속에 머리를 집어넣고 난리야."

차라리 조용히 말했더라면 사과하고 끝냈을 일을 그들은 교묘하게 들릴 듯 말 듯 한 목소리로 나를 비난했다.

'오늘 목욕은 여기서 끝내야겠구나.'

탕 밖으로 나와 목욕용품을 챙기러 가려는데 하필 그들이 내 자리에 진을 치고 있었다. 나는 다가가 정중히 말했다.

"어르신, 여기 제 자리예요."

나보다 더 꼬일 대로 꼬인 그녀는 못마땅한 듯 자리를 내주며 비아냥거렸다.

"아이고, 내가 10년 동안 목욕탕 다니면서 내 자리 있다는 얘기는 처음 듣네요."

무리도 맞장구를 치며 깔깔거렸다. 나는 더는 참지 못하고 널브러진 목욕용품을 마구 주워 담으며 그들을 향해 소리쳤다.

"목욕탕이 무슨 학교예요? 10년씩이나 다니게."

## 당장 죽어도 좋다는 말을 믿었다

친구와 브런치 약속이 있었다. 지하철이 토해 내는 수많은 인파 속에서 겨우 에스컬레이터에 한 발을 얹었다. 우리 바로 뒤에는 계모임을 나온 듯한 할머니 무리가 더 조심스레 에스컬레이터에 발을 올렸다. 일행이 무사히 탑승한 것을 확인한 할머니들은 긴 구간을 안도에서 신세 한탄으로 채워 갔다.

"아이고, 조금만 젊었으면 저 옆 계단으로 살살 걸어가면 되는데. 이제 늙어서 이것도 꼭 붙잡고 타야 하니."

"그러게, 늙으면 모든 게 내 맘대로 안 된다. 이놈 하나 타겠다고 이렇게 부산을 떤다."

"그래도 이놈이라도 없으면 우리는 오늘 안에 여기를 빠져나가지도 못한다."

할머니들 사이에 박장대소가 터져 나왔다. 그러고는 이내 긴 한숨이 쏟아져 나왔다.

"무슨 부귀영화를 누리겠다고 이날 이때껏 살아서는 관절도 다 나가고, 마음대로 돌아다니지도 못하고. 하여간 늙으면 빨리 죽어야 해."

"그래, 늙으면 빨리 죽어야지."

우리는 의도치 않게 할머니들의 대화에 끼어 버렸다. 우리 또한 이놈 하나 타겠다고 뛰어온 서로를 보며 민망한 듯 피식 웃었다. 곧이어 할머니들은 우리를 향해 한목소리로 말했다.

"젊음이 좋은 거야. 우리는 오래 살아서 지금 당장 죽어도 여한이 없어."

"그래, 우리는 지금 당장 죽어도 돼."

그때 우리가 피식거리다 몸에 중심을 잃고 휘청거리기 시작했다. 그러다가 뒤에 서 있는 할머니들 쪽으로 몸이 기울어지면서 위험천만한 상황이 벌어졌다.

"어, 어, 어떡해!"

"어허! 이 아가씨가 왜 이래?"

지금 당장 죽어도 좋다던 할머니들은 에스컬레이터를 양손으로 야무지게 꽉 붙잡았고, 지금 당장 죽고 싶지 않은 우리는 에스컬레이터에 한 손만 슬쩍 걸친 채 올라가고 있었다.

## 스캔들로 얼룩졌다

"동호회에서 만난 유부남과 바람이 나서 집에서 쫓겨났습니다. 돈 좀 빌려주세요."

아주 평범했던 일요일 아침에 뜬금없는 문자 하나가 날아왔다. 발신인은 H언니였다. 나는 계정 해킹으로 인한 스팸 문자임을 확신하며 H언니에게 전화를 걸었다. 몇 차례 신호음이 울린 뒤 낯선 남자의 목소리가 들려왔다.

"H언니 전화기 아닌가요?"

"맞는데, 무슨 일이죠?"

"아, 그게…. 스팸 문자가 와서요."

"그거 제가 보낸 문자입니다."

"형부?"

"네, 문자 내용도 사실 그대로고요. H가 핸드폰까지 두고 야반도주했어요. 분명 지인들한테 돈을 빌릴 거예요. 카드값도 못 막을 정도로 완전 빈털터리거든요."

하루를 멍하게 채워 버린 날이었다.

H언니를 처음 만난 건 대학교 때였다. 우연히 회화 수업 시간에 앞뒤로 앉으면서 가까워졌고, 그녀의 밝음과 나의 밝음이 잘 맞았다. 이후 H언니와 나를 중심으로 무리가 만들어지면서 공강 때 피크닉을 떠나기도 하고, 비 오는 날이면 자취 집에서 삼겹살

을 구워 먹기도 했다. 방학마다 우리 집에 놀러 와 오징어튀김과 떡볶이를 만들어 먹었고, 여름이면 워터파크에도 갔다.

하지만 그녀는 시험 기간만 되면 어딘가로 숨어 버렸다. 그녀가 놀 때만 우리와 어울리는 것 같아 섭섭했지만, 그녀는 장학금이 절박한 처지였기에 우리 또한 자연스레 흩어져 공부했다.

그러던 어느 날 그녀와 A교수의 스캔들이 터졌다. 같은 과 친구가 우연히 A교수의 연구실을 찾았는데 H언니와 교수님이 마주 앉아 채점하고 있었다. 책상 위에는 빨간 펜과 지우개와 연필이 놓여 있었는데, 하필 채점 중인 시험지의 주인이 H언니였다. 입학 때부터 줄곧 장학금을 받던 언니였지만, A교수의 과목에 A+를 받으면서 목격담이 일파만파 퍼져 나갔다.

"○○이가 그러던데, A교수랑 H가 모텔에서 나오는 거 봤대."
"둘이 그렇고 그런 사이라며?"

하지만 우리는 소문을 믿지 않았고, H언니와도 문제없이 잘 지냈다. 하지만 점점 시간이 지나면서 그녀에 대해 조금씩 알게 된 게 있었다. 그녀는 소소함을 좋아했지만, 욕심도 많은 사람이었다. 여름에는 스쿠버 다이빙 같은 해양스포츠를 즐겼고, 겨울에는 스노보드를 즐겼다. 장학금 없이는 학교를 마칠 수 없는 그녀에게 맞지 않은 소비패턴이었다. 가끔 그녀를 처음 보는 사람들은 부잣집 외동딸로 오해하기도 했다.

대학 졸업 후, 그녀는 평범한 회사원이 되었다. 하지만 직업만 평범했을 뿐 그녀의 삶은 평범하지 않았다. 담배도 피우고,

술도 아주 잘 마셨다. 남자친구도 자주 바뀌었다. 그러던 어느 날, 그녀는 평온한 정착지를 선택했다.

"나 이제 담배 끊었어. 결혼하고 싶은 사람이 생겼거든."

"어떤 사람이에요?"

"아주 평범한 사람. 너희도 잘 알잖아. 우리 집은 늘 시끄러웠는데, 이 남자 집은 진짜 집 같아. 아주 평온해. 부모님도 금실이 아주 좋으셔. 우리 집이랑은 완전 딴판이야."

"잘됐어요, 언니! 정말 축하해요! 그동안 고생 많았는데, 진짜 축하해요!"

"나는 모아 둔 돈도 없는데, 이 남자가 자기 카드로 가전제품 사서 내가 혼수 마련해 온 것처럼 해 주겠데. 정말 착한 남자야."

결혼 후 그녀는 웃음소리가 커졌고, 이쁜 것보다 편한 것을 더 좋아하게 되었다.

"현모양처로 사니까 어때요?"

"좋아! 요리하는 것도, 조용한 내 집이 있는 것도 아주 아주 행복해."

하지만 그녀의 평온한 정착은 일 년도 채 가지 못했고, 다시 얼룩진 스캔들로 숨어 버렸다.

## 승자도 패자도 없다

한때 나는 술 마시는 사람 관찰하기를 좋아했다.

"왜 쳐다봐?"

"뭘 쳐다봐?"

주로 남자들의 싸움은 이렇게 시작된다. 곧 죽어도 자존심이 먼저인 남자들은 상대방의 기선 제압에 먼저 고개 숙이는 법이 없다. 더군다나 모든 시선이 자신에게 향해 있을 때는 더더욱 그렇다.

"왜, 쳐다보면 안 돼?"

"나와! 한번 붙자."

주변의 만류로 멈추는 경우도 있고, 그렇지 않은 경우도 있다. 서로 뒤엉켜 밖으로 나가며 싸움은 쉽고 빠르게 종료된다. 승자는 다시 가게로, 패자는 집으로 간다.

하지만 여자들은 조금 다르다. 싸움도 같은 일행 중에서 벌어진다. 처음부터 사이가 좋지 않았던 그들은 서로 멀찍이 떨어져 앉아 중간에 낀 사람을 애먹인다. 그들은 술을 핑계로 그동안 쌓인 감정을 쏟아 낸다. 그러다가 터질 게 터진다. 여자들은 남자와 달리 온몸으로 싸운다. 많은 사람 속에 엉켜 있어도 상대의 머리채를 정확히 잡는다. 한 번 잡은 머리채는 중재자의 타협 없이는 절대 먼저 놓지 않는다.

"하나, 둘, 셋 하면 둘 다 머리채 놓는 거다."

"하나, 둘, 셋!"

"아악!"

마지막까지 힘껏 잡아당기며 서로 비명을 지른다. 잠시 떨어져 휴전에 들어간다. 서로를 죽일 듯 노려보며 아파서 우는 건지 서러워서 우는 건지 눈물을 훔친다. 그러다 씩씩거리며 헝클어진 머리를 손으로 쓸어내린다. 머리카락이 한 움큼 뽑혀 나오는 걸 확인한 순간, 곧바로 2차전에 돌입해 온몸으로 달려든다. 이렇듯 여자들의 싸움은 연장전과 연장전을 거듭하며 모두를 지치게 만든다. 그리고 승자도, 패자도 없다.

## 돈이 가장 예쁘다

 청바지에 티셔츠, 운동화 그리고 질끈 묶은 머리는 S의 모든 것이다.

 S는 용돈 20만 원으로 생활했다. 늘 교복처럼 같은 옷만 입었고, 쇼핑을 전혀 하지 않았으며, 우리가 입지 않는 옷을 받아 갔다. 절대 택시를 타지 않았고, 버스를 타거나 아니면 걸어 다녔다. 한 번은 그녀가 소개팅을 한다고 했다. 우리는 그녀를 미용실로 데려갔다. 하지만 오랫동안 단단한 고무줄에 묶여 있었던 그녀의 머리카락은 초강력 매직 기계로도 잘 펴지지 않았다.

 그럼에도 S는 그날 만난 남자와 연애를 시작했고 결혼까지 했다. 결혼 준비를 위해 우리를 집으로 초대한 그녀는 당시 부촌으로 유명한 아파트의 가장 큰 평수에 살고 있었다. 나는 태어나 처음으로 작은 분수대와 큰 나무가 있는 집을 보았다. 집 안에서는 슬리퍼를 신어야 했고, 그녀의 어머니는 우리의 어머니와는 달랐다. 동글동글 말린 숱 많고 윤기 나는 머리, 누가 봐도 부잣집 사모님이었다(당시 우리 어머니들은 IMF 파마라고 절대 풀리지 않는 빠글빠글한 머리를 했다).

 "너희구나! 아유, 예뻐라!"

 우리를 반기는 어머니는 S를 못마땅하게 여겼다. S의 방은 우리 집 거실 만했다. 그리고 에어컨이 한 대밖에 없어 방마다 문을 열어 놓거나 온 식구가 거실에 나와 자던 우리와 달리 그녀의 집은 방마다 에어컨이 달려 있었다.

"침대가 왜 이렇게 커?"

"자다가 떨어지지 말라고 아빠가 사 주셨어."

우리는 그녀의 킹사이즈 침대에 벌러덩 누우며 잠시 부잣집의 포근함을 느껴 보았다.

"화장품 이거 버리라고 했지?"

과일을 내 온 어머니가 그녀의 화장대를 보며 잔소리하기 시작했다. 다 쓴 화장품이 거꾸로 뒤집혀 있었다. 마치 S가 지금껏 우리에게 보여 준 모습과 같았다.

"쟤는 왜 이렇게 궁상을 떠는지 모르겠다."

어머님의 속상함은 이것뿐만이 아니었다. 엊그제 S는 결혼 준비를 위해 어머니와 백화점에 들렀다. 샤넬 매장에 들러도 맘에 드는 게 없었고, 루이비통 매장에 들러도 맘에 드는 게 없었다. 별 소득 없이 백화점을 빠져나오는 길에 그녀의 눈에 들어온 건 지하 매장에 있는 저가 브랜드의 에코백이었다. 어머니는 손에 그 가방을 들고 하소연하듯 말했다.

"이게 뭐가 예쁘니? 이거 들고 결혼식장 갈 수 있겠니?"

지금껏 우리는 궁색하게 살던 S를 보며 집이 100억 원쯤 빚진 줄 알았다. 하지만 S의 집은 100억 원쯤 가진 부자였다.

"집이 이렇게 부자인데 왜 그렇게 살았어?"

"나는 그냥 돈을 모으는 게 좋아."

"예쁜 옷도 사고, 화장도 예쁘게 하고 싶지 않아?"

"나는 뭘 봐도 예쁜지 모르겠어. 내 눈에는 예쁜 게 없어."

## 미모는 나이를 구분하지 못한다

"언니, 안녕하세요?"

스포츠센터에 처음 온 친구의 눈이 휘둥그레졌다. 잠시 주변을 살피더니 바짝 다가와 소곤거린다.

"언니라니? 저 어르신 적어도 칠순은 넘어 보이는데, 언니라고?"

"쉿! 여기서는 다 이렇게 불러. 할머니라고 부르면 큰일 난다. 명심해."

나쁜 사람은 없지만 센 사람은 있는 곳.

운동하는 곳이지만, 사회성이 더 중요한 곳.

운동 실력과 서열이 비례하는 곳.

할머니는 있지만 절대 할머니라고 부를 수 없는 곳.

칠순을 넘어도 여자는 여자인 곳.

여자들의 또 다른 세계인 이곳은 바로 스포츠센터다.

길게 늘어선 샤워부스 앞에 서너 명의 여사님이 얼음 마사지를 하고 있다. 하나같이 아이스크림 바처럼 생긴 얼음 막대기를 얼굴에 문지르고 있다. 전날 밤 컵 안에 물을 붓고 나무 막대기를 넣은 뒤 밤새 얼려 가져온 것이다. 운동하는 사이 녹은 얼음 막대기는 컵에서 쉽게 분리된다. 이 얼음 마사지가 피부 처짐을 막아 주고 탄력을 유지해 준다는 게 그들의 지론이다.

이런 얼음 마사지가 유행한 데는 이유가 있다.

다른 스포츠센터에서 70세 여사님 한 분이 왔다. 50대 피부로 보이는 그녀의 피부는 모든 이의 부러움을 샀고, 그녀는 당당하게 비법을 공개했다. 그 비법이 바로 얼음 막대기였다.

그날 이후 얼음 마사지가 대유행처럼 번졌고, 샤워장 부스를 일렬로 차지하게 되었다.

## 목숨보다 여자가 먼저다

친구 지현이에겐 특이한 주사가 있었다. 새벽까지 술을 마신 날이면 반드시 목욕탕에 들러 깨끗이 씻고 집에 가는 것이다. 그날도 그녀는 집으로 곧장 가지 않고 목욕탕에 들렀다. 샤워부스에 서서 머리를 감는데 갑자기 귀에서 '삐-' 소리가 나면서 바닥에 주저앉았다. 그리고 눈을 깜빡일 때마다 시야가 조금씩 어두워졌다. 그때부터였다. 기억이 토막토막 나기 시작한 것이.

'오늘은 컨디션이 별로 좋지 않네. 빨리 집에 가야겠다.'

그녀는 샴푸 거품으로 뒤범벅된 채 응급실로 실려 가는 끔찍한 상상을 하며 머리부터 헹궜다. 그리고 목욕탕 문을 밀고 나가는데 다시 '삐-' 소리가 나더니 어느새 탈의실 바닥에 누워 있었다. 어수선한 분위기가 연출되면서 뭔가가 계속 반복되는 듯하더니 선명한 목소리가 들려왔다.

"이 아가씨 옷은 어디 있어?"

순간 지현이는 필사적으로 발가락에 힘을 주었다.

"아! 여기 있네."

눈치 빠른 아주머니가 그녀의 발목에 있는 열쇠를 발견했다.

"119대원들이 올라오고 있습니다. 옷을 입지 않은 회원들은 얼른 안으로 들어가 주세요!"

갑자기 사람들이 소스라치더니 어느새 사라져 버렸다. 혼자 남겨진 그녀는 온 힘을 다해 손을 배 쪽으로 갖다 댔다. 다행히 옷이 만져지자 안도했다.

"환자분! 환자분! 잠들면 안 돼요."

'환자분?'

사실 그녀에게 더 절박한 순간은 지금부터다. 평소 저혈압인 그녀가 여기서 잠들면 혼수상태로 이어지기에 간호사와 소방관들은 그녀를 깨우기 위해 고군분투하기 시작했다. 그때였다. 갑자기 누군가가 그녀의 허벅지를 세게 꼬집었다.

"아!"

"환자분, 잠들면 안 됩니다!"

꼬집힌 곳이 너무 아파 잠시 정신을 차렸다가 다시 잠들었다. 그러자 또다시 누군가가 허벅지를 더 세게 꼬집었다.

"아!"

"환자분, 조금만 더 버티세요."

몇 시간 후, 지현이는 허벅지가 너무 후끈거려 깨어났다. 자세히 보니 허벅지에 주먹만 한 멍 자국이 군데군데 있었다.

만약 그녀가 옷을 덜 입은 채 병원에 실려 왔다면 멍 자국은 이보다 덜했을지도 모른다.

## 진짜를 원한다

 낯선 세상은 낯선 그림을 들고 내 앞에 나타났다. 그곳에는 언제나 또 다른 색깔의 사람들이 있었다.
 그는 내가 만난 첫 번째 동성애자이며 두바이에서 미용실을 운영하는 필리핀 출신의 게이였다. 그는 몸매가 그대로 드러나는 스키니진에 킬힐을 신고 짙은 화장을 하고 다녔다. 걸음걸이는 태생부터 여자인 나보다 더 가볍고 우아했다. 그는 어떤 물건이든 집게손가락을 이용해 사뿐사뿐 들고 다녔으며, 항상 손으로 입을 가리며 말했다.
 "그가 오고 있어!"
 "아니야! 그녀가 오고 있어."
 짓궂은 영국 친구가 속삭였다. 그때 등장한 그는 오늘도 해맑음이었다.
 "안녕! 어디 가니?"
 "건물주한테 전기요금 내러."
 그의 집게손가락에 전기요금 고지서가 들려 있었다. 그러더니 갑자기 뭔가 엄청난 것을 발견한 듯 고지서로 큰 입을 가리며 말했다.
 "어머머! 이거 뭐니? 진짜 예쁘다."
 그는 내 다이어리 옆에 놓인 펜을 보고 어쩔 줄 몰라 했다.

여느 때처럼 자기 말만 하면서 호들갑을 떨었다. 주변의 시선이 슬쩍슬쩍 이쪽으로 모이는 게 불편해진 나는 이 상황을 빨리 모면하고 싶었다.

"마음에 들면 너 가져도 돼! 쓰던 거라도 상관없다면 말이야."

"정말? 그래도 돼?"

그때 이후 나를 대하는 그의 태도가 조금씩 달라졌다.

어느 날, 주문한 버거를 기다리며 심각한 표정으로 창밖을 응시하고 있었다. 나는 기분이 얼굴에 그대로 드러나는 편이라 관리가 잘 안될 때가 많았다.

"스마일!"

고개를 들어보니 어느새 그가 남자친구와 다정히 내 옆자리에 앉아 있었다. 나는 웃으며 인사했다.

"안녕! 점심 먹으러 왔어?"

"그래! 웃어! 넌 웃을 때가 예뻐! 스마일 스티커처럼 말이야."

덕분에 쇼펜하우어의 말처럼 행복해서 웃는 게 아니라 웃어서 행복한 날을 보냈다.

가끔 마주칠 때마다 그는 내가 굳이 궁금해하지 않는 자신의 처지를 혼자 떠들어 대곤 했다. 돈을 벌어 성전환 수술을 하고, 형편이 되면 미국에 가서 결혼식을 올릴 거라고 했다. 또 저녁이 되면 수염이 자라서 화장으로 가려지지 않아 손으로 입을 가리는 버릇이 생겼다고 했다.

그날은 크리스마스이브였다. 회사 앞 벤치에서 그가 서럽게 울고 있었다. 가까이서 보니 파운데이션을 덕지덕지 바른 거친 피부가 원래의 성별을 말해 주는 듯했다.

"괜찮아?"

"아니."

나를 본 그는 설움이 더 폭발했다.

"나, 남자친구랑 헤어졌어."

"아, 미안해."

"남자친구한테 진짜 여자친구가 생겼어."

"진짜 여자친구?"

무슨 말인지 제대로 이해하지 못했다. 그러자 그가 말했다.

"진짜 여자! 너처럼 진짜 여자 말이야."

Chapter 8.
아이

## 아이, 새로운 한 줄을 남긴다

"선생님은 어릴 적 꿈이 뭐였어요?"
"아이돌 가수요."
지금껏 살면서 제일 많이 들은 질문이다. 이 질문의 끝은 항상 웃음으로 승화된다. 그리고 또 발화된다.
"그런데 왜 선생님이 됐어요?"
15년 넘게 지녀 온 나의 교육적 가치관은 단 하나다. 먼 훗날 지금의 아이들이 성장했을 때, 어느 날 문득 떠오르는 한 사람이 되길 바라는 것.
"그때 그 선생님, 정말 좋은 분이었는데…."
이 한 줄을 위해 선생님이 되었다. 하지만 한 줄을 남기는 건 아이들도 마찬가지였다.
서른이 다 되어 가는데도 스승의 날이면 안부 전화하는 아이가 있고,
수업 시간에 햄을 뜯어 먹다가 혼난 아이는 간호사가 되었고,
지각 대장이던 아이는 카페의 장기 근속자가 되었고,
출생의 비밀이 있던 아이는 국가를 지키는 아들이 되었고,
수업 시간에 그림만 그리던 아이는 메이크업 아티스트가 되었고,
해맑게 잘 웃던 아이는 애견미용사가 되어 우리 집 강아지 털까지 깎아 주었고,

공부 빼고 모든 게 뛰어났던 아이는 월급날 나에게 소고기를 선물해 주었고,

이성 관계가 복잡했던 아이는 20년 뒤 내 생일날 호텔 라온제나에서

오전에는 자기 결혼식을 오후에는 나의 환갑잔치를 약속했다.

오늘도 어김없이 또 한 줄을 남기는 아이들이 있다. 젊고 잘나가던 시절의 내 사진을 보여 주었다. 사진을 돌려본 아이들 사이에서 환호성이 터져 나왔다.

"우와, 진짜 선생님 맞아요?"

"오! 진짜 예쁘다."

"우와, 대박!"

그때 한 아이가 사진을 보며 넌지시 물었다.

"선생님, 그런데 지금은 왜 이렇게 되셨어요?"

그때였다. 사진을 넘겨받은 지완이가 사진 속 나와 지금의 나를 번갈아 보더니 갑자기 책상을 치며 말했다.

"얘들아, 봤지? 세월이 이만큼 무서운 거야!"

## 뒤에서 갑을 평행을 이루다

"아니, 선생님이라는 사람이 앞뒤 상황은 묻지도 않고 대뜸 사과부터 하게 해요? 하여튼 말 같지도 않은 선생님의 교육관 때문에 우리 아이만 상처받았잖아요. 그리고 우리 아이가 왜 사과해야 합니까?"

"어머니, 그건…."

"됐어요."

그러고는 전화를 끊어 버렸다. 통화 중에 앞뒤 상황을 듣지도 않고 하고 싶은 말만 하며 나를 비난했다. 이렇게 무례한 학부모는 처음이었다.

채화와 민서는 친한 친구 사이였다. 하지만 둘 사이에 C가 끼어들면서 작은 오해가 생겨났고, 나를 통해 오해가 풀어지면서 둘은 화해했다. 그런데 채화 어머니가 둘이 싸운 얘기만 듣고 격분해 나에게 항의 전화를 한 것이다.

전날 그런 전화를 받았으니 앞으로 채화는 학원에 오지 않거나 아니면 반을 이동할 것으로 예상했다. 하지만 다음 날 채화는 아무렇지 않게 등원했고, 민서와도 잘 지내며 수업에도 적극적이었다.

며칠 후, 채화 어머니가 학원으로 또 전화했다. 내일이 채화 생일이니 학원으로 생일떡을 보낸다는 것이었다. 그것도 하필 내 수업이 있는 날 생일떡을 보낸다니 도무지 이해되질 않았다.

다음 날 채화 어머니는 학원으로 음료수에 과일까지 바리바리 보냈다. 풍성히 쌓인 음식에 아이들은 한껏 들떠 있었다.

"선생님, 오늘 파티해요?"

"오늘 채화 생일이라 어머님이 보내신 거야. 얘들아, 우리 다 같이 생일 축하 노래 크게 불러 주자!"

내키지 않았지만 최선을 다했다. 아이들의 생일 축하 노래는 우렁찼고, 채화의 어깨는 으쓱해졌다. 그때 갑자기 원장실에서 호출이 왔다. 채화 어머니가 왔는데 나를 만나고 싶다는 것이었다. 마음이 다시 요동치기 시작했다. 2층으로 내려가는 엘리베이터 안에서 온갖 생각이 들었다. 엘리베이터 문이 열리고, 통유리로 된 문을 통해 원장님과 채화 어머니가 서 있는 모습이 보였다. 나는 애써 웃으며 먼저 인사를 건넸다.

"안녕하세요, 어머님! 오늘 떡이 아주 맛있더라고요."

"그래요? 채화가 선생님은 아메리카노만 드신다고 해서 제가 일부러 사 왔어요."

그때 확실히 알았다.

사회성은 정말 하기 싫은 일을 할 때 굳건하게 길러진다는 것을.

"감사합니다, 어머님. 마침 커피 생각이 간절했는데 정말 잘 마시겠습니다."

## 선생님은 술집 여자다

 한 아이가 긴 복도 끝을 지나다가 갑자기 멈춰 섰다. 그러더니 아무도 없는 복도에서 90도로 인사를 했다. 와르르 물 쏟아지는 소리가 났다. 아이가 복도 한중간에서 토를 한 것이다. 마침 다른 아이들 등원 시간이라 다급해진 원장님이 화장실에서 밀대를 가져왔다.
 "안 돼요, 원장님!"
 나도 모르게 큰 소리로 말했고 놀란 아이들은 강의실 창문에 다슬기처럼 붙어 구경하기 시작했다.
 "밀대는 안 됩니다. 신문지 좀 가져다주세요."
 원장님이 가져온 신문지로 구토 흔적을 모두 덮었다. 그리고 마구 밟기 시작했다. 신문지에 있는 잉크가 구토 냄새를 흡수하자 비질해 쓰레받기에 쓸어 담았다. 그런 다음 소독약을 뿌리고 밀대로 닦았다. 그날 나는 아이들 사이에 영웅이 되었다.
 "선생님, 선생님은 그런 거 어디서 배웠어요?"
 사실 호프집 아르바이트에서 배운 것이다. 하지만 아이들에게는 조금 돌려서 말해 주고 싶었다.
 "막창집에서 아르바이트하면서 배운 거예요. 막창 먹고 체한 사람이 많았거든요."
 그 일은 삽시간에 아이들 사이에 화젯거리가 되어 돌았고, 이

상한 화살이 되어 다시 돌아왔다. 퇴근 시간에 걸려 오는 전화는 매번 긴장의 끈을 놓지 못하게 했다.

"선생님, 저 4학년 지수 엄마입니다."

"안녕하세요, 어머님."

"선생님, 이런 거 여쭈어도 될지…. 오늘 우리 아이한테 이상한 소리를 들어서요."

"무슨 얘기를 들으셨어요, 어머님?"

"어, 저기….'

"무슨 말씀이신데 그러세요?"

"아이 말이 선생님이 술집 여자였다고…."

학부모가 조심스럽게 말했다. 그러면서도 내심 아이의 말을 믿는 눈치였다.

나 또한 더 조심스럽게 운을 뗐다.

"저기, 어머님. 저를 보셔서 아시겠지만, 술집 여자는 저처럼 이렇게 후덕하게 생기지 않았어요."

## 마음을 남겨 오다

　오랫동안 아이들과 지내다 보면 갈색 대나무처럼 이리저리 흔들릴 때가 있다.
　"선생님, 저 내일 현장 학습 가요. 엄마가 김밥이랑 닭강정도 만들어 준다고 했어요."
　"맛있겠다. 선생님도 먹고 싶다. 조금만 남겨 와."
　"친구들한테 다 뺏겨서 못 남겨 와요."
　현장 학습을 다녀온 아이는 책이 아닌 도시락부터 꺼냈다. 뚜껑을 열자 정갈하게 잘린 김밥과 먹음직스러운 닭강정이 담겨 있었다. 아예 손도 대지 않은 새 도시락이었다.
　"영웅아, 도시락 두 개 가져갔니?"
　그때 영웅이와 같은 반 친구인 재민이가 오더니 한마디 거들었다.
　"선생님, 영웅이가 현장 학습 가서 도시락 안 먹었어요."
　"왜? 체했어?"
　"애들한테 뺏기기 싫다고요. 선생님한테는 속이 안 좋다고 뻥 쳤어요."
　"아니거든! 그때 진짜 속이 안 좋았거든."
　재민이가 손을 뻗어 닭강정을 집으려 하자 영웅이가 그의 손을 뿌리치며 말했다.

"하지 마! 선생님이랑 같이 먹으려고 일부러 남겨 온 거란 말이야!"

순간 당황한 나는 다시 도시락을 덮고 아이에게 물었다.

"영웅아, 친구들이 도시락 먹을 때 너는 뭐 했어?"

"그냥 물 먹고, 과자도 조금 먹고 그랬어요."

## 패션을 꺾다


 봄날 카디건을 입는데 조금 심심했다. 단추 절반을 떼고 다른 색깔로 달았다. 빨간색 단추는 홀수, 초록색 단추는 짝수로 달았다. 그런데도 뭔가 허전해 보여 언발란스하게 단추를 잠그고 다녔다. 얼핏 보면 유치원생이 단추를 잘못 끼운 것 같았다.

"어머, 아가씨! 단추!"

"아침에 급하게 나왔나 봐요? 단추가 잘못 끼워져 있네요."

 늘 이런 식이었지만, 그중에서 가장 애정 어린 방해꾼은 우리 학원의 찬현이었다. 찬현이는 수업에 집중하기보다 나의 패션에 더 관심을 보였다.

"선생님! 다 큰 어른이 단추도 똑바로 못 끼워요?"

 나는 녀석의 성가신 관심을 이기지 못해 카디건 단추를 원래대로 채웠다.

 얼마 후 미국에 다녀왔다. Hunter에서 색색별 장화를 출시했다. 당시 흰색과 검은색 장화밖에 없는 우리나라에 나는 보라색 장화를 신고 나타났다. 비가 오지 않는 날에도 보라색 장화를 신고 다녔다. 발에 땀이 차고 답답했지만, 스타일만큼은 포기할 수 없었다. 사람들의 시선은 언제나 나의 보라색 장화에 머물렀고, 나는 그 시선을 즐겼다. 하지만 문제는 찬현이었다.

"선생님! 여기가 무슨 노량진 수산시장이에요? 비도 안 오는데 왜 장화를 신고 다녀요?"

서른 살이 되면서 어느 정도 수입이 안정되자 슬슬 명품이 눈에 들어오기 시작했다. 중저가 브랜드 가방을 여러 개 사느니 명품 하나로 오래 버티는 게 더 경제적이었다. 1년 동안 적금을 들거나 카드를 12개월 할부로 긁으면서 대, 중, 소 크기별로 하나씩 장만했다. 이름하여 루이비통, 샤넬, 프라다였다.

비가 올 때 끌어안고 뛰면 진짜 명품 가방이고 머리에 쓰고 뛰면 가짜라는 말이 유행했지만, 그런 말 따위는 중요하지 않았다. 나를 꺾는 건 오로지 찬현이뿐이었다.

그날도 녀석은 명품 가방을 들고 당당하게 출근하는 나를 빤히 쳐다봤다. 녀석의 시선이 가방에 머물렀고, 나는 우쭐대며 책상 위에 가방을 내려놓았다.

"선생님! 저 가방이요."

역시 녀석도 명품을 알아본 것이었다. 비록 수백만 원짜리 명품을 들고 교통카드를 찍고 다니는 형편이라도 명품은 누구 눈에나 명품이었다.

"선생님! 저, 저 가방 알아요."

"그래, 너도 아는구나. 이 가방을 어디서 봤는데?"

녀석은 기억을 더듬기 시작했다. 그러다 번쩍 눈에 빛을 내며 말했다.

"아, 저 가방이요. 서문시장에서 봤어요. 선생님도 거기서 사셨어요? 엄청 많이 걸려 있던데요."

## 잼민이를 정의하다

• 잼민이: 어른들에게 가르침을 주고 일깨움을 주는 초등학생을 일컫는 말

초등학교 5학년인 재민이는 매일 축구 유니폼을 입고 책상에 앉았다. 앉자마자 티셔츠 한가운데를 손으로 움켜쥐고 이마까지 끄집어 올려 땀을 쓱쓱 닦았다. 그러고는 필통에서 연필을 꺼내고, 자세를 바로잡은 뒤 웃으며 말했다.

"이제 준비됐어요, 선생님. 수업할 수 있어요."

여덟 살 때부터 국제학교에 다닌 재민이는 한국어 실력이 좋은 편은 아니었다. 더군다나 맞춤법에 아주 취약했다. 단어는 무조건 소리 나는 대로 썼으며, 받침은 반대로 썼다. 하지만 재민이는 자신의 부족한 한국어 실력을 부끄러워하지 않았고, 그저 한국어로 마음껏 떠들 수 있는 이 수업을 즐겼다. 그런 재민이가 수업을 시작한 지 5개월 만에 국어 시험에서 100점을 맞았다. 순간 내 눈을 의심했다. 그래서 재민이의 이름을 재차 확인했다. 재민이의 시험지가 확실했다.

"재민아, 재민아! 너 진짜 100점이야?"

"당연하죠, 선생님!"

아이는 마치 100점 맞을 걸 알고 있었다는 듯이 말했다.

"그런데요, 선생님. 제가 어떻게 100점 맞았는지 아세요?"
"응?"
뜸을 들이던 아이 앞에서 나는 잠시 나쁜 상상을 했다.
'설마, 커닝?'
아이의 순수함은 늘 어른의 상상력을 구질구질하게 만들었다.
재민이는 한가득 미소를 머금고 대답했다.
"선생님, 제가 어떻게 100점을 맞았냐면요. 제가 시험을 칠 때, 정말 최선을 다했거든요."

## 암산 중에 떨어진 먹물 한 방울을 보다

 전 학년 시험이 있는 날이었다. 선생님들이 가장 꺼리는 중3 남학생 C반 교실은 고통 분담 차원에서 돌아가며 맡기로 했다.

 2교시 수학 시험지를 나눠 주고 감독을 하는데, 한 녀석이 문제는 풀지 않고 정자세로 칠판만 응시했다. 녀석의 자세는 한 치의 흐트러짐이 없었고, 몇몇 아이는 중간중간 녀석을 쳐다보며 시시덕거렸다. 누가 봐도 꼴통 반이었다.

 "문제 안 푸니?"

 "암산 중입니다."

 녀석은 정승처럼 꼿꼿한 자세를 유지하며 당돌하게 대답했다. 그러자 주변에서 웃음이 터졌다. 녀석은 이 분위기를 즐기듯 주변을 돌아보며 웃지 않은 아이에게 한마디 던졌다.

 "웃어! 웃어! 웃으라고!"

 "미친…."

 서열 2위쯤 되어 보이는 녀석이 고개를 절레절레 저으며 웃었다. 나는 자리로 가서 녀석과 눈을 마주쳤다. 녀석은 나의 눈을 피하지도 않았다.

 "그런데 학생은 머리가 좀 나쁜가 봐?"

 순간 녀석의 눈빛이 흔들렸다.

 "암산을 꽤 오래 하네?"

 얼굴에 황당함이 역력했지만, 녀석은 순순히 물러서지 않았다.

"벌써 다 풀었습니다. 선생님!"

"깨끗한데?"

녀석은 웃으며 대답했다.

"착하고 예쁜 사람 눈에만 보입니다, 선생님!"

환성이 여기저기서 터져 나왔다. 나 또한 아랑곳하지 않고 반격을 가했다.

"이 녀석아! 다 틀렸네! 나 엄청 착하고 예뻐서 다 보이거든. 1번도 틀리고, 2번도 틀리고. 어디 보자, 앞장 싹 다 틀렸네. 다시 풀어! 그리고 나한테 직접 제출해."

몇 분 후, 녀석은 교무실에 시험지를 들고 왔다. 나는 녀석을 데리고 밖으로 나갔다. 우리는 음료 자판기 앞에 섰다.

"뭐 마실래?"

"네?"

혼날 각오를 하고 온 녀석의 눈빛이 흔들렸다. 교실 안에서는 사자였던 녀석이 어울리지도 않는 쭈뼛거림으로 음료를 골랐다.

무리를 떠나 혼자 있는 녀석은 내 눈에는 그저 귀여운 까까머리 중학생이었다. 나는 음료를 건네며 말했다.

"오늘 만나서 반가웠어. 앞으로 잘 지내자."

그때 녀석과 나에게 떨어진 먹물 한 방울은 아주 컸다.

그날 이후 녀석은 내가 수업에 들어갈 때마다 수업 분위기를 차분하게 조성해 주었다. 덕분에 나는 꼴통 반 전문이 되었다.

훗날 멋진 공대생이 된 녀석은 나의 결혼식에서 축가까지 불러 주었다.

## 첫 삼월에 꽃을 피우다

중학교 1학년인 주현이는 공부도 운동도 아주 열심히 했다. 그리고 아주 정이 많은 아이였다. 친구가 다른 학교로 전학을 가자 책상에 엎드려 한참 울었다. 가끔 애매한 문법을 설명할 때면 선생인 나조차도 굉장히 어설플 때가 있지만, 주현이는 혼자 알아서 척척 이해했다.

고등학교 첫 중간고사 시험이 있던 날, 주현이는 울상이 되어 나타났다.

국어 시험에서 76점이 나온 것이다. 눈치 없는 아이들 입에서 국어 시험 얘기가 나올 때마다 주현이 입에서 한숨이 새어 나왔다. 한참 우울해하던 주현이가 마음을 가다듬으며 말했다.

"안 되겠어요, 선생님! 망한 건 망한 거고, 남은 과목은 모두 100점 맞아야겠어요."

말이 쉽지, 그게 어디 쉬운 일인가. 하지만 주현이는 기적처럼 다음 날부터 치른 여섯 과목 모두 100점을 받았다. 그런 주현이는 결국 서울대학교에 장학생으로 입학했다.

6년 동안 주현이를 보면서 다른 아이들과는 다른 두 가지를 발견할 수 있었다.

여학생들의 경우 매달 찾아오는 마법의 날이 되면 공부를 잘하지 않는 아이들한테서는 어김없이 문자가 온다.

"선생님, 저 배 아파서 학원 못 가요."

공부를 조금 하는 아이들은 다르다.

"선생님, 혹시 오늘 말고 다른 날 보강해 주실 수 있나요?"

일단 주현이는 무조건 온다. 내색도 하지 않고 버티다가 마칠 때쯤 다 죽어 가는 목소리로 말한다.

"선생님, 혹시 타이레놀 있어요?"

그리고 주현이는 독서광이었다.

쉬는 시간이 되면 공부하지 않는 아이들은 활기차고, 공부를 조금 하는 아이들은 엎드려 잔다. 하지만 주현이는 항상 책을 읽었다. 문제집 말고도 읽을 책을 가지고 다녔다. 가끔 신기루라도 발견한 표정으로 가방에서 책을 꺼내며 말했다.

"선생님! 혹시 이 책 읽어 보셨어요?"

# 폭설을 지나다

이기영 선생님께,

푸르름의 계절이 돌아왔습니다.
선생님 참 멋있는 문장이라고 생각하시죠?
학교 가정통신문에서 베낀 글입니다.

Heavy snow, 폭설.
지금 너희 삶은 폭설을 맞고 있지만 조금만 견뎌 봐.
이까짓 거 눈이야. 곧 녹을 거야.
이건 수업 시간에 선생님이 하신 말씀을 베낀 겁니다.

스승의 날을 맞아 학교에서 수행평가로 편지 쓰기가 있었던 모양이다. 영화감독이 꿈인 해봉이가 나에게 보낸 편지다. 사실 나는 저런 말을 했는지 기억조차 나지 않는다. 하지만 해봉이가 왜 저 단어를 좋아했는지는 알 것 같다.

한번은 원장님이 급히 해봉이를 불렀다. 원장님을 만나고 온 해봉이는 가방을 챙기며 말했다.

"엄마가 또 사고를 쳤나 봐요. 이번에는 옆집 아줌마와 싸웠대요. 오늘은 할머니가 일 가시는 날이라 제가 가야 해요."

해봉이의 어머니는 이혼 후 조울증을 앓았다. 할머니와 셋이 사는 해봉이는 가정형편은 녹록하지 않았지만 아주 밝은 아이였다. 어릴 적 할머니와 도서관에서 우연히 빌려 온 DVD를 보며 영화감독의 꿈을 키웠고, 그 꿈을 향해 열심히 달려가 마침 서울에 있는 한 대학교의 연극영화학과에 합격했다.

고3 아이들의 졸업을 앞둔 어느 날, 해봉이는 할머니와 집에서 만든 비누를 나에게 선물했다. 나는 아직도 그 비누 향을 잊지 못한다. 그리고 그날의 따뜻했던 밥도 잊지 못한다.

졸업생들과 조촐한 파티를 하기로 했다.

"밥 가져올 사람?"

대뜸 해봉이가 밥을 가져오겠다고 손을 들었다.

"밥을 가져오겠다고?"

"네!"

해봉이의 사정을 뻔히 알고 있었지만, 아이의 눈빛이 워낙 확고해 맡겨 보기로 했다.

다음 날 해봉이가 알록달록한 보자기를 낑낑거리며 들고 왔다. 보자기를 책상 위에 내려놓자 익숙한 소리가 났다. 어린 시절 할머니가 양은 도시락을 대청마루에 내려놓을 때 나는 소리였다. 사실 그때보다 조금 더 묵직한 소리였다. 얼른 보자기를 풀어 보니 큰 양철 밥통이 두꺼운 신문지에 싸여 있었다.

"밥이 식을까 봐 할머니가 그렇게 하신 거예요."

밥통 뚜껑을 열자 흰밥에서 김이 몽글몽글 피어올랐다. 마침 주문한 음식이 도착해 아이들이 여기저기에서 밥을 받아 갔다.

"선생님, 밥 많이 주세요!"

"저도요!"

밥을 많이 달라는 아이들의 소리가 들릴 때마다 해봉이와 눈을 마주쳤다. 우리는 서로에게 미소를 지어 보냈다.

"밥이 참 맛있네!"

졸업 후 1년이 지나서야 해봉이의 소식을 듣게 되었다.

결국 해봉이는 집안 사정으로 어렵게 입학한 대학교를 중도에 포기해야 했다.

유독, 이 아이에게만 폭설이 길었던 건 아닐까?

아이의 환경을 제대로 겪어 보지 않은 내가 괜히 말로만 떠든 것 같아 아직도 미안함이 남아 있다.

## 매일 자라고, 꺾이고, 또 자란다

가끔 아이의 이름을 부르다가 성을 착각할 때가 있다.

"차현우!"

"선생님, 최현우인데요?"

옆에 앉은 아이가 짓궂게 농담을 던진다.

"선생님, 왜 아이 아빠를 바꾸고 그러세요?"

요즘 아이들은 조금 더 직접적이다.

- 작은아버지: 체크 남방과 뿔테 안경을 착용한 공직에 계신 작은아버지를 연상하게 하는 아이의 별명
- 만주: 다른 옷도 많은데 만화에 나오는 주인공처럼 사계절 내내 똑같은 옷을 입고 다니는 까닭에 얻은 별명
- 곰 씨, 포비, 곰시키: 곰처럼 생긴 이 아이는 평소에는 곰에 존칭을 붙여 '곰 씨'로 불리고, 영어 이름은 '포비'(뽀로로에 나오는 북극곰), 말썽을 피울 때는 '곰시키'로 불림

예전 아이들은 별명 붙이는 것을 아주 싫어했다. 하지만 요즘 아이들은 별명을 붙여주는 걸 좋아한다. 오히려 별명이 없으면 아쉬워한다.

"선생님, 제 별명은요? 저도 별명 하나 지어 주세요."

요즘 아이들 사이에 '잘나가는 아이'라는 말이 있다. 얼핏 들

으면 학교에서 '인기가 아주 많은 아이'라는 의미로 해석된다. 하지만 잘나가는 아이란 학교 폭력과 벌점이 가득한, 소위 날라리를 뜻한다.

또 요즘은 못 가르치는 선생님보다 화내는 선생님을 더 싫어한다. 물론 혼내는 것과 화내는 것에는 차이가 있다. 아이들은 특히 이 감정을 아주 잘 구분한다. 그리고 선생님인 우리도 마찬가지다. 공부 못하는 아이보다 감정에만 호소하는 아이가 가장 힘들다.

이렇게 우리는 서로에게 똑같은 한 줄을 남기며, 매일 자라고 꺾이며 또 함께 자라난다.

Chapter 9.
## 당신

## 당신, 어느 정도 안다고 생각했다

　결혼 10년 차, 남편을 어느 정도 안다고 생각했다. 하지만 나의 착각이었다. 어쩌면 가장 가까운 사람이 가장 알 수 없는 사람인지도 모르겠다.

　단골 카페 사장님한테서 구피 열여덟 마리를 받아왔다. 평소에 이름 붙이기를 좋아하는 남편은 구피 열여덟 마리를 유심히 보더니 이름을 지어야겠다고 했다. 몇 분이 채 지나지 않아 이름을 다 지었다고 했다.

　"열여덟 마리 이름을 벌써 다 지었다고?"

　"응! 아주 쉬워! 제일 큰 놈부터 일피, 이피, 삼피, 사피, 오피, 육피, 칠피, 팔피! 쟤는 구피야."

　그렇게 십팔피까지 이름이 생겼고, 얼마 지나지 않아 그들 사이에 아기 구피인 치어가 태어났다. 그 치어에게도 남편은 이름을 지어 주었다.

　"쟤는 이름이 뭐야?"

　"미니! 작으니까."

　얼마 후 또 다른 치어 한 마리가 태어났다.

　"쟤 이름은 뭐야?"

　"미니미니."

　남편은 유머러스한 사람이라고 생각했다. 아니었다. 그저 단순한 사람이었다.

남편에게 모바일 페이를 30만 원어치 충전해 주었다.

"당신 마음껏 써!"

남편은 한 달에 10만 원만 쓰는 사람이었다. 그것도 주말마다 목욕탕에 가서 세신을 하거나 1,500원짜리 커피를 사 먹는 데 썼다. 그런데 일주일 만에 충전해 준 30만 원을 다 써 버렸다고 했다.

"벌써 다 썼다고?"

"마음대로 쓰라며?"

"어디에 쓴 거야?"

"그냥 출퇴근길 편의점에 들러 이것저것 사 먹고 낚시용품도 샀지요."

남편은 검소한 사람이라고 생각했다. 아니었다. 그저 돈이 없어서 못 쓴 사람이었다.

비 오는 날 저녁, 집에 돌아오니 남편이 창문을 활짝 열어 놓고 있었다.

"문을 왜 이렇게 활짝 열어 놨어?"

"음, 그냥 빗소리도 좋고, 비 냄새도 좋아서…."

남편은 사소한 일에도 감성적이고 낭만을 즐길 줄 아는 사람이라고 생각했다. 아니었다. 남편은 이제 사소한 일에도 예민하게 반응하는 갱년기에 접어들었다.

## 대륙의 힘을 가지다

중국은 세계에서 네 번째로 국토 면적이 크고, 두 번째로 인구가 많은 나라다. 하지만 늘 머릿속으로 그려 왔던 대륙의 문화는 실제로 경험하는 것과 엄청난 차이가 있었다.

차이나 마켓에 쇼핑하러 갔다가 보라색 뱀 가죽으로 된 가방을 샀다. 계산대 앞에서 가방을 꺼내 친구에게 자랑하는데, 지퍼가 뻑뻑해 여닫기가 불편했다. 다시 몇 걸음을 돌려 카운터 직원에게 갔다.

"이거 지퍼가 너무 뻑뻑해요. 다른 걸로 교환해 줄 수 있나요?"

"안 돼요, 방금 계산했잖아요. 이제 당신 가방이니까 당신이 책임져야죠."

"아니, 환불 하겠다는 게 아니라 그냥 같은 걸로 바꿔만 달라는 거예요."

실랑이를 본 옆 카운터 직원이 무슨 일인지 물었다. 자초지종을 들은 그녀는 똑같이 대답했다.

"안 되지."

친구와 나는 당혹감을 감추지 못하고 계속 서 있었다. 마침 그 옆으로 카트를 끌고 지나가던 남자 직원 두 명이 우리를 보고 상황을 물었다. 일단 그들에게 기대를 걸어 보기로 했다. 얼핏 보아도 직급이 더 높아 보였기 때문이다. 하지만 그들 또한 단호하게 말했다.

"안 되지."

친구는 그만 포기하자는 듯 내 팔을 끌었다. 하지만 나는 물러설 수 없었다. 그들과 대치하며 서 있는데 그중 한 명이 점심을 먹고 오는 한 무리의 직원에게 손짓했다. 가까이 온 그들에게 또 상황을 설명했고, 그들 또한 동시에 고개를 저었다. 오기가 생긴 나는 왜 안 되는지 조목조목 따져 물었고, 그때마다 점점 더 불어나는 중국인이 우리를 에워싸며 하나같이 소리쳤다.

"안 된다니까!"

## 도가 지나쳤다


"안녕하세요. 저는 도를 공부하는 대학생인데, 얼굴에 우환이 가득해 여쭤봅니다."

순간 아침 신문에서 본 오늘의 운세처럼 동쪽에서 나타난 귀인이 뒤죽박죽 엉켜 버린 내 인생을 술술 풀어 줄 것만 같았다.

"어떻게 아세요?"

"제가 도를 공부해서 그런 걸 잘 알아봐요. 가만 보니 집안에 안 좋은 일도 있고, 본인 일도 잘 안 풀리나 봐요. 그런데 아마 앞으로 더 그럴 거예요."

"아니, 왜요?"

"제가 더 설명해 드리고 싶은데, 지금 너무 목이 말라서요. 혹시 저기 가서 콜라 한 잔만 사 주실 수 있나요?"

나는 그녀와 길 건너 카페로 들어갔다. 자리에 앉자 그녀는 연습장을 꺼내더니 생년월일과 이름을 물었다. 한자를 쓰는 필체로 보아 제법 똑똑해 보였다.

"기영 씨 생년월일과 이름을 보니 지금 조상님이 기영 씨를 필요로 하세요. 조상님이 조금 화가 나서 집안에 안 좋은 일이 있는 거고, 기영 씨 일도 뜻대로 풀리지 않는 것 같아요. 그러니까 지금 집안의 우환을 끊을 수 있는 사람은 기영 씨뿐이에요."

갑자기 내가 집안의 기둥이 된 것 같은 막중한 부담감이 밀려

왔다. 하지만 해결할 수 있는 사람도 나뿐인 것 같아 사명감마저 불타올랐다.

"그러면 어떻게 하면 되나요?"

"제사를 지내야 해요."

내 머릿속은 더 복잡했다.

"너무 걱정하지 마세요. 제사는 우리가 모셔 줄 수 있어요. 단지 제사 비용은 기영 씨가 부담해야 해요. 왜냐하면 조상님은 정성을 보시거든요."

"정성이요?"

"지금 돈이 얼마나 있어요?"

나는 주머니에 있는 1만 6,000원과 통장 잔액을 생각했다.

"17만 원 정도 있어요."

"그걸로는 정성이 조금 부족해요, 보통 제사비는 20만 원이 넘어요."

"20만 원이요? 다음 주에 용돈을 받아요. 그걸 받으면 얼추 맞을 것 같은데요."

"기영 씨, 조상님도 다 때가 있어요. 다음 주는 너무 늦어요."

나는 다시 절망에 빠졌다. 그때 그녀가 말을 이어 갔다.

"기영 씨, 조상님은 착한 거짓말은 용서하세요. 그러니까 집에 가서 전공 책 산다고 하고 내일까지 10만 원 정도 더 받아 오세요." 그때 머릿속에서 커다란 징 소리가 울렸다. 도는 몰라도 그녀의 의도는 확실히 알 것 같았다. 나는 그녀에게 내일 20만 원을 만들어 오겠다고 약속하고는 그곳을 빠져나왔다. 그리고 이야기 도중 그녀가 내 전화번호를 물었을 때 끝 번호를 살짝 바꿔 알려 주었다.

## 영어보다 영업에 능통하다

빵집에서 아르바이트할 때였다. 주로 구운 빵을 식혀 포장, 진열, 판매하는 일이었다. 내가 빵을 포장할 때면 손님 응대는 사장님이 직접 하셨다. 한번은 파운드케이크를 포장하고 있는데 갑자기 사장님이 나를 큰 소리로 불렀다. 고개를 들어보니 외국인 손님이 와 있었다. 사장님은 들고 있던 신문으로 얼굴을 가린 채 조용히 안으로 들어갔다. 하지만 사모님은 달랐다. 사모님은 외국인 손님을 직접 응대했다.

'혹시 사모님, 영어 능통자?'

작은 체구의 사모님은 외국인 손님 옆에서 당당하게 뒷짐을 지고 서 있었다. 손님이 중간 크기의 케이크를 가리키며 물었다.

"How much?"

사모님은 또박또박하게 대답했다.

"만 원! 만 원!"

그러자 손님은 흔쾌히 고개를 끄덕이며 바로 위 칸의 케이크를 가리켰다.

"2만 원! 2만 원!"

사모님은 손가락으로 숫자 2를 만들어 보여 주며 큰 소리로 말했다. 알고 보니 그녀는 영어보다 영업에 능통한 사람이었다. 그리고 긴 문장을 구사해야 하는 초 개수는 아예 묻지 않았다.

큰 초, 작은 초 가리지 않고 넉넉히 챙겨 외국인에게 먼저 보여 준 뒤 케이크 상자에 넣었다.
 "감솨합니다!"

## 별 볼 일 없는 면접을 보다

하마터면 지금 근무하는 학원에 채용되지 못할 뻔했다. 강사 경력만 15년이 넘어가다 보니 웬만한 면접에서는 긴장하지 않았다. 그저 대수롭지 않은 일상에 불과했다.

지금 학원에서 면접이 있던 날이었다. 1층 출입문을 찾아 문을 두드렸다. 낯선 이를 경계하는 요란한 강아지 소리와 함께 문이 열렸다.

"안녕하세요! 6시 면접 보러왔습니다."

"네, 2층으로 가실까요?"

학원의 실장쯤 되어 보이는 그녀는 강아지를 안고서 2층으로 안내했다. 그러고는 2층에 들어서자 한 손으로 강아지를 안은 채 어수선한 책장을 정리하기 시작했다.

"선생님, 여기에 앉으시면 돼요."

"네, 감사합니다. 그런데 원장님은 아직 안 오셨나 봐요?"

그녀는 하던 일을 멈추고 자리에 앉으며 짧고 굵은 목소리로 말했다.

"제가 원장입니다."

## 불변의 법칙이 똥하다

친구 JJ는 높은 연봉의 보험설계사다. 일찍 아버지를 여의고 부지런히 치킨 배달까지 하며 집에 생활비를 보탠 씩씩한 친구다.

"기영아, 지금 어디야?"

"나? 교보문고. 넌?"

"교보? 그러면 내가 30분 안에 거기로 갈게. 같이 점심 먹자."

누구에게나 있는 평범한 일상이었다. 하지만 밥을 먹고 차를 마실 때쯤 그녀는 이곳까지 나를 찾아온 이유를 말했다.

"이번에 우리 회사에서 나온 새 상품인데, 월 2만 원으로 암 준비를 할 수 있어."

이번에도 속았다. 항상 JJ와 만남의 끝은 씁쓸했다. 그러다 보니 관계가 자연스레 소원해졌고, 서로의 결혼식에도 가지 않았다.

몇 년 후, 우연히 그녀와 마주쳤다. 예전보다 조금 달라진 모습이었다. 보험회사를 그만둔 그녀는 한결 편안해진 모습으로 나를 대했다. 또 웬일인지 그날은 지갑도 먼저 열었다. 달라진 그녀가 좋았다. 처음부터 바랐던 관계였으며, 내가 기대했던 그녀의 모습이었다. 그날 우리는 그동안 못다 한 수다를 떨다 헤어졌다. 처음으로 그녀와 헤어진 후 아쉬움이 남았다.

며칠 후 JJ에게서 문자가 왔다.

'나 찹쌀 케이크 구웠어. 일요일에 잠깐 만나.'

'일요일? 글쎄, 시간이 될지 모르겠어.'

'너 있는 곳으로 가서 케이크만 주고 바로 갈 거야.'

하지만 나는 여전히 주춤거렸다. 수박은 줄이 없어도 수박이고, 안이 노랗게 변해도 수박은 수박인 것처럼 본질은 달라지지 않는다고 믿었다. 하지만 JJ는 정말 조금씩 달라져 있었다. 그날 그녀는 직접 만든 케이크만 손에 쥐여 주고 떠났다. 더 이상 어떤 목적을 가지고 나를 대하지 않았다. 다음 날 나는 미안하고 고마운 마음에 깨끗하게 비운 케이크 접시를 찍어 그녀에게 보냈다.

'JJ, 케이크 정말 잘 먹었어. 다음에 내가 맛있는 밥 살게.'

잠시 뒤 그녀 또한 사진을 첨부한 문자를 보내왔다. 링크가 걸려 있는 초대장이었다.

'다음 주 토요일 저녁에 우리 아들 돌잔치야. 시간 되면 밥 먹으러 와.'

## 좋아하는 것과 잘하는 것은 다르다

빵을 너무 좋아해서 빵집 아르바이트를 지원한 명문대생이 있었다. 사장님은 우리 가게에 명문대생이 왔다며 동네방네 떠들고 다녔다. 하지만 명문대생을 교육하는 건 내 몫이었다. 사실 나는 부담스러웠다. 그래서 최대한 명료하고 딱딱한 어투로 말했다.

"금방 나온 빵은 뒤쪽부터 진열해야 해. 손님들은 무의식적으로 맨 앞에 있는 빵부터 집어 가거든. 그리고 재고가 된 빵은 이렇게 표시해 두고, 이것도 맨 앞에 진열해야 해."

"그렇겠죠. 가장 먼저 팔려야 하니까."

그녀는 명문대생답게 영민했다.

"여기서는 '땡' 하면 손님 오는 소리, '툭' 하면 제빙기 얼음 떨어지는 소리, '픽' 하면 빵 나오는 소리야."

"넵!"

"빵은 마음껏 먹어도 돼. 아무거나 먹고 싶은 거 있으면 조용할 때 안에 들어가서 먹으면 되고, 집에 가져가는 건 안 돼. 대신 먹다 남은 건 가져가고."

"우와!"

나는 교관이라도 된 것처럼 신입을 엄격하게 교육했다.

"빵값과 빵 이름은 최대한 빨리 외워야 해. 보다시피 버스 정류장 앞이라 손님들은 버스 오면 바로 가야 하거든. 빵 때문에 버스를 놓치게 하면 절대 안 돼."

그녀는 오는 손님마다 해맑게 인사도 잘하고 아주 싹싹하게 대했다. 세상 참 불공평하다는 생각이 들 정도였다. 머지않아 그녀는 내 자리까지 위협할 것 같았다.

"이제 혼자 할 수 있지?"

나는 빵을 진열하는 칙하며 그녀의 손님 응대를 지켜봤다. 손님은 예상 밖의 질문을 했다.

"이 빵은 왜 이렇게 눅눅해요?"

맨 앞에 진열된 삼각 러스크를 가리키며 물었다.

"아, 어제 나온 빵이라서 그래요. 오늘 비가 오니까 더 눅눅해졌네요."

"앗, 버스다! 다음에 올게요."

다행히 손님은 그녀의 말을 끝까지 듣지 않고 쏜살같이 나갔다. 나는 그녀를 다그쳤다.

"어제 나온 빵이라고 말하면 어떻게 해?"

그녀는 두 손으로 입을 막으며 눈을 동그랗게 뜨고 말했다.

"왜요? 혹시 엊그제 나온 빵이었어요?"

결국, 명문대생은 한 달도 버티지 못했다. 빵값을 제대로 외우지 못해 번번이 손님들의 버스를 놓치게 했다.

## 자기 홍보 시대의 과도기를 겪다

 커피 전문점에서 근무할 때였다. 새로 오픈한 지역 매장에 매니저를 뽑는 공고가 나간 지 일주일 만에 지원자가 몰렸다. 그래서 면접을 같은 날 한꺼번에 진행하기로 했다. '일을 즐길 수 있는 자'를 뽑는다는 본사의 취지는 다소 현실성이 없어 보였다. 그저 성실하고 감각 있는 인재를 뽑는 게 관건이었다. 하지만 대부분 지원자는 자기소개서 특기 칸을 공백으로 일관했다. 침묵과 겸손이 미덕인 시대를 지나 이제 갓 자기 홍보 시대에 들어선 세대인데 말이다. 심지어 PR(Public Relation)의 어원도 피할 건 피하고 알릴 건 알린다는 우리말의 줄임말로 알고 있었다.

 그날 면접관들의 시선을 사로잡는 한 명이 있었다. 그녀는 큰 소리로 자기소개를 했 다.

 "가장 책임감 있게 할 수 있는 일을 보여 드리겠습니다."

 생활체육학을 전공한 그녀는 커다란 마네킹을 바닥에 눕혀 놓고 실제 상황인 듯 심폐소생술을 시작했다.

 "환자분! 제 말 들리나요? 환자분? 환자분? 제 말 들리세요?"

 면접관들은 강한 흥미를 느꼈다. 그리고 모두가 공백으로 일관했던 특기 칸에 그녀는 자전거 타기를 기재했다.

 "특기가 자전거 타기라고 되어 있네요. 그런데 자전거는 누구나 탈 수 있지 않나요?"

 한 면접관의 질문에 그녀는 또박또박하게 대답했다.

 "저는 두 손 놓고 탑니다."

## 글로벌 파티시에와 함께 일하다

 방학 때마다 일하던 빵집은 몸집이 점점 커져 베이커리 카페로 거듭났다. 2층은 빵을 만드는 공장과 카페로 설계되었다. 사장님은 연봉이 억세게 높은 파티시에를 고용했으니 항상 그에게 깍듯하게 인사하라고 일렀다. 그는 빵을 만들 때마다 진지한 표정이었고, 우리가 인사해도 고개만 끄덕일 뿐 전혀 웃지 않았다. 가끔 우리를 불러 화장실 청소하는 것을 몸소 보여 주었는데, 말이 시범이지 정작 청소는 혼자서 다 했다. 그래서 우리는 일부러 더 못 하는 척하기도 했다. 청소 도중 전화벨이 울리면 그는 마무리를 우리에게 맡겼다.
 "그래, 그러면 금요일에 내가 파리로 갈까? 아니다! 일정이 빠듯하니까 뉴욕에 들렀다가 독일로 넘어가자."
 "그래, 그러면 독일에서 보자."
 우연히 엿들은 전화 통화였다. 이후 그는 완전히 딴 사람처럼 보이기 시작했다. 유능한 파티시에라는 게 이 정도일 줄 꿈에도 몰랐다. 그날은 퇴근하는 그에게 더 깍듯하게 인사했다. 우리는 공장에 남아 뒷정리하는 막내에게 곧장 달려갔다.
 "파티시에님 뉴욕 갔다가 바로 독일 가시는 거야?"
 "그럴걸요?"
 "비행기는 뭐 타고 가?"

"비행기?"

"뉴욕 갔다가 독일 간다며? 비행기 안 타?

빗자루를 들고 서 있던 막내는 우리를 이상한 눈으로 흘겨보더니 갑자기 깔깔거렸다.

"누나들, 파티시엔님이 간다는 뉴욕은 뉴욕 빵집, 파리는 파리바게뜨, 독일은 길 건너에 있는 독일베이커리예요. 다 친구들 가게라고요."

## 스무 살에 요절할 것이다

 정은이는 중학교 친구다. 뽀얗고 마른 체형의 그녀는 연예기획사로부터 제의받을 만큼 예뻤다. 수업 시간에 반듯하게 펴진 그녀의 교과서 앞에는 더 반듯하게 세워진 거울이 필통 속에 끼워져 있었다. 당시 색색 핀으로 앞머리를 고정하고 다녔는데, 피부가 깨끗하고 얼굴이 작아서 아주 잘 어울렸다. 학교 아이들은 연예인을 따라 하듯이 정은이의 헤어 스타일을 따라 했다.

 국어 시간이었다. '10년 뒤 내 모습'이라는 주제로 발표하는 시간이 있었다. 그날 정은이는 모두를 깜짝 놀라게 했다.

 "나는 스무 살에 대학생이 될 것이고, 날씨 좋은 어느 날 하와이 와이키키 해변에서 내 생을 마감할 것입니다. 왜냐하면 삶에서 가장 아름다운 순간에 모든 걸 끝내고 싶기 때문입니다. 굽은 허리, 주름지고 못생긴 얼굴로 생애 최후를 맞이하고 싶지 않습니다."

 가장 놀란 사람은 단연 국어 선생님이었다. 하지만 선생님의 질문 또한 의외였다.

 "정은아! 왜 하필이면 와이키키 해변이니?"

 "영어책에서 봤는데 세계에서 가장 아름다운 해변이라고 하더라고요. 제 인생도 가장 아름다운 순간이니까, 거기가 딱 맞는 것 같아서요."

그때의 우리는 영어 교과서에서 본 와이키키 해변이 전부였던 것처럼 지금껏 살아온 삶이 전부라고 착각하며 저만치 떨어져 있는 미래의 선도 미리 그어 놓았다.

가끔 하와이에 관한 뉴스를 접할 때면 혹시나 하는 마음에 한 번 더 눈여겨보곤 했다. 그렇게 그녀의 생사를 소심하게 궁금해하던 어느 날이 찾아왔다.

대학 졸업 후 밸런타인데이를 앞두고 친구와 백화점 명품관에 들렀다. 검은 정장에 고급스러운 스카프를 하고 우아하고 낮은 목소리로 인사하는 직원과 눈이 마주쳤다.

"혹시, 정은이?"

우리는 서로를 한눈에 알아봤다.

"너 아직 안 죽었어?"

나도 모르게 불쑥 튀어나온 말이었다. 그녀는 눈치 없이 떠들어 대는 나를 보며 어금니를 꽉 깨물었다. 그리고 우리는 잠시 따로 시간을 가졌다.

"왜 아직 살아 있어?"

"그러면 죽을까? 그리고 하와이 와이키키 해변? 하와이는 무슨! 카드값 메꾸느라 부곡 하와이도 아직 못 가 봤어."

"어쨌든 살아 있어 줘서 고맙다, 정은아! 혹시 더 예뻐져도 절대 죽지는 마!"

"안 죽는다고! 카드값 갚아야 한다고!"

## 어른, 혼자서 되는 게 아니다


 수요일마다 강사 회의가 있었다. 그날 안건은 신학기 신입생 모집 및 관리 행사였다.

 회의가 길어지면서 처리해야 할 안건을 다 마무리하지 못했다.

 "선생님들, 혹시 내일 조금 일찍 출근할 수 있나요?"

 다들 무언으로 답하는데 한 선생님이 말했다.

 "저는 내일 안 될 것 같습니다. 우리 집 강아지가 집에 혼자 있어서요."

 처음에는 낯설고 당황스러웠지만, 자세히 들여다보면 어딘가 모르게 친숙하다. 나 또한 분명 저랬을 것이다.

 돌아보면 항상 주변에 어른들이 있었던 것 같다.

 서툴지만 자신감 하나로 밀어붙였던 나의 젊은 패기를 관대하게 바라봐 주는 어른, 때로는 실수를 모른 척하거나 덮어 주는 어른, 그리고 자신보다는 타인의 입장에서 바라봐 주는 그런 어른들이 있었다.

 지금의 나처럼 하나하나 뾰족하게 바라보는 그런 어른은 아니었던 것 같다. 밤새 뒤척이느라 걷어찬 이불을 덮어 주던 부모님이야말로 가장 큰 어른이다.

 한 푼이라도 더 벌고 한 푼이라도 더 아껴서 자식들에게 폐를 끼치지 않으려는 부모님은 오늘도 종종걸음이다. 그 뒤를 따라

가는 나의 걸음은 오늘도 투덜거림이다. 왜 우리 부모님의 카카오톡 앱은 자주 지워지는지, 왜 부모님은 한창 바쁠 때 반찬을 가지러 오라고 하는지, 왜 부모님은 내가 노는 날에 안부 전화를 하는지. 그럴 때마다 나는 여전히 혼자 나고 자란 사람처럼 군다.

그들에 비하면 내 삶은 오로지 나로만 채우는 과거와 현재에만 머물고 있다.

온전히 철든 미래는 너무 멀리 있기만 하다.

우리는 어른이 되어 가고 있는 걸까?

## 숫자보다 행동으로 말하다

한 연예인의 작은 행동 하나가 그 사람을 말해 주는 일이 있었다.

그가 한 건물에서 주차 요금을 정산할 때였다. 지갑에서 지폐 한 장을 꺼낸 그는 두 손가락 사이에 끼워 나이가 많은 주차요원에게 그것도 한 손으로 건넸다.

편의점에서 아르바이트할 때였다. 돈을 건네는 손님들의 모습은 모두 제각각이었다. 두 손으로 건네는 사람이 있고, 앞서 말한 연예인처럼 손가락 사이에 끼워 한 손으로 건네는 사람도 있고, 테이블 위에 던지듯 놓는 사람도 있었다.

돈은 상대방의 두 손에 정중히 건네는 게 예의라고 말해 주는 사람이 있었다. 사촌인 옥희 언니다. 분명 어릴 때 우리는 이렇게 배웠다. 하지만 키도 자라고, 나이도 먹고, 건네는 액수도 커졌는데 우리는 아이보다 못한 어른일 때가 많다.

옥희 언니는 택시 기사님에 대한 존칭도 교정해 주었다. 나는 당시 기사님을 '아저씨'라고 불렀다.

"아저씨, 서울역으로 가 주세요!"

하지만 옥희 언니는 '아저씨'가 아니라 '기사님'으로 존대하라고 일러 주었다. 그 후 나는 택시를 탈 때마다 항상 이렇게 말했다.

"기사님, 서울역으로 가 주세요."

"기사님, 저 앞에서 내릴게요."

그럴 때면 기사님도 '아저씨'라고 부를 때보다 나를 조금 더 정중히 대해 주었다.

옥희 언니는 또 병원 진료실에 들어갈 때 의사에게 먼저 인사를 건네 보라고 했다. 병원에 오는 환자들이 생각만큼 인사를 잘 하지 않는다고 했다.

"안녕하세요, 선생님."

"네, 안녕하세요. 오늘은 어디가 불편하세요?"

내가 먼저 인사할 때마다 의사 선생님도 하던 일을 멈추고 나에게 집중해 주었다.

그리고 나를 기억해 주었다.

## 못 본 게 아니라 안 본 것이다

낭만의 도시 프랑스에 도착했다. 학창 시절 제2 외국어에 대한 부심은 좀처럼 사라지지 않았다. 배운 건 무조건 써먹고 싶었다.

"봉쥬르(안녕하세요)!"

"쥬 쑤이 코레엔느(저는 한국인입니다)."

"메르씨(감사합니다)."

나는 공항에서부터 가는 곳, 만나는 사람마다 이 세 문장을 연신 해 댔다.

프랑스인들은 이런 내가 귀여워 보였는지 쿠키도 서비스로 주고 택시비도 깎아 주었다. 가이드북에서 찾은 숙소에 도착한 나는 똑같은 인사를 했다. 이 도시에서 그 세 문장은 전부였고, 무기였으며, 생존이었다. 덕분에 숙소 사장님은 많은 동양인 중 유독 나를 기억했다.

짐을 푼 뒤 배가 고파서 근처에 가게가 있는지 물었다.

"저기 코너를 돌면 맛이 기가 막힌 샌드위치 가게가 있어."

그의 말대로 코너에 빵집이 하나 있었다. 그런데 기대와 달리 너무 허름했다. 여기저기 파리도 날아다니고, 쌓여 있는 빵을 보니 장사가 잘되는 가게처럼 보이지 않았다. 가격도 비싸 내키지 않았지만, 사장님의 추천에 따라 에그샌드위치를 골랐다. 차마 음료까지는 손이 떨려 살 수 없었다. 샌드위치만 사서 숙소로 오는 내내 형편없이 비싸기만 한 곳을 추천해 준 숙소 사장님이 원망스러웠다.

'혹시 둘이 동업자 아니야?'

숙소 로비에 앉아 샌드위치를 한 입 베어 먹었다. 강한 신맛이 났다. 속에 든 재료를 꺼내 먹어 보았다. 신맛이 더 강렬했다. 샌드위치를 들고 사장님에게 갔다. 어쩌면 당신의 친구가 운영하고 있을지도 모를 형편없는 곳에서 빵을 샀는데, 빵이 비싸기만 하고 심지어 상한 것 같으니 조금이라도 책임을 져야 하지 않겠느냐 하는 마음이었다.

"저기, 샌드위치가 상한 것 같아요. 맛 좀 봐 줄 수 있나요?"
"상한 샌드위치를 먹어 보라는 거야?"

로비에 앉아 우리의 대화를 듣고 있던 사람들 사이에서 피식 웃음소리가 났다. 하지만 그는 상당히 흥미로운 표정으로 샌드위치를 크게 한 입을 베어 먹고는 우걱우걱 씹었다.

"음, 정말 환상적인 샌드위치야."
"정말요? 상한 게 아니고요?"

나는 자리로 돌아와 샌드위치를 먹었다. 알 수 없는 강한 신맛은 여전했다. 솔직히 그때 샌드위치가 상한 것이길 바랐다. 그래서 사장님이랑 같이 가게에 가서 환불받고 싶었다. 돈이 아깝고 여행 첫날부터 식비에 과다 지출한 것 같아 속상하기만 했다.

몇 분 뒤, 그가 냉장고에서 이온 음료를 하나 꺼내 내 앞에 놓았다.

"이건 내가 먹은 샌드위치 값이야."

"아니, 괜찮아요. 제가 부탁한 거잖아요."

"코리안 걸! 이건 음료가 아니라 약이야. 긴 비행과 낯선 환경 때문에 지금 네 몸이 정상이 아닐 수 있어. 그런데 물도 없이 그렇게 먹으면 금방 체할지도 몰라."

숙소 사장님만큼 나이가 든 지금의 나는 어린아이의 거짓말이 보이고, 청소년의 눈속임이 보이며, 청년들의 변명도 보인다. 그도 분명 그랬을 것이다. 그는 자신을 원망했던 내 행동을 눈치챘지만 세심한 배려로 돌려주었다. 그리고 내가 로비를 지나갈 때마다 농담을 던졌다.

"코리안 걸! 오늘은 샌드위치 사러 안 가니? 난 언제든 맛을 볼 준비가 되어 있어."

## 한 뼘 더 큰 사람이다


 수영은 하지 않고 삼삼오오 모여 수영장 안에서 수다만 떠는 사람들이 있었다. 한 번 시작된 그들의 수다는 멈출 줄 몰랐고, 나중에는 레인 하나를 통째로 차지해 버렸다. 나는 그들을 피해 수영해야 했다. 조금 억울한 마음이 들어 먼저 말을 꺼냈다.

"어르신들, 좀 복잡해서 그러는데 담소는 레인 밖에서 나누면 안 될까요?"

여러 개의 당황한 시선이 내 앞에 뚝 떨어졌다.

"지금 여기에는 수영하는 사람이 없어서요."

"수영하는 사람이 없는 게 아니라, 어르신들이 레인을 차지하고 있으니까 아무도 못 오는 거예요."

당돌한 나의 대꾸에 몇몇이 눈치를 보며 물 밖으로 나가 버렸다. 그렇게 상황이 일단락되었고, 나는 그들과 마주치지 않으려고 일부러 수영을 더 오랫동안 했다. 그리고 천천히 샤워실로 들어갔다.

아뿔싸!

어르신들이 아직도 샤워하고 있었다. 그들이 사우나를 즐긴다는 사실을 그제야 인지했다. 나는 멀찌감치 떨어진 부스에 자리 잡았다. 그때 내 옆으로 한 분이 다가오셨다.

"저기, 아까는 미안했어요. 운동하는 데 우리가 방해했네요. 정말 미안해요."

그녀는 내 어깨를 토닥이며 사과했다. 나 또한 미안한 마음이 들었지만, 막상 사과를 하지는 못했다.

## 청년을 건너뛰다

 아버지의 실종신고로 하루의 연장선에 있는 청년이 있었다. 몇 달 전 뇌출혈로 쓰러진 아버지의 산책길은 멈출 줄을 몰랐다. 전화도 받지 않고 동네를 다 뒤져도 아버지는 온데간데없었다. 요즘에는 위치 추적 기능이라도 있지만 청년의 20대 때는 그런 게 없었다. 최첨단 기술보다 몸으로 부딪치는 게 더 정확한 시대였다. 청년의 가족들은 여러 번 고초를 겪은 끝에 실종신고를 한 후 경찰의 연락을 기다리는 게 최선이라는 것을 깨닫게 되었다.

 아버지가 쓰러지던 해, 청년의 나이는 스물두 살이었다. 청년은 다니던 학교를 그만두고 요양보호사 자격증을 땄다. 그때부터 23년간에 걸친 아버지와의 여정이 시작되었다. 사 남매였던 청년의 가족은 모두 아버지에게 매달렸다. 청년의 누나는 교직생활하며 생활비를 댔고, 멀리서 사는 형과 둘째 누나도 매달 병원비를 보내왔다.

 아버지의 마비는 왼쪽부터 시작되었다. 그때까지만 해도 아버지는 가족들과 대화할 정도로 명철하셨다. 하지만 두 번째 뇌출혈이 시작되면서 상황은 악화되었다. 환자를 돌보는 데 미숙한 청년과 어머니가 잠깐 한눈을 팔 때마다 아버지는 집을 나갔고, 그 길로 계속 직진만 했다. 그러고는 몇 시간 뒤 집에서 수십 킬로 떨어진 곳에서 발견되었다.

어느 날 한밤중이 다 되었는데도 아버지는 깜깜무소식이었다. 온 가족이 뜬눈으로 밤을 꼴딱 새운 새벽, 드디어 경찰서에서 전화가 왔다. 안도하는 마음에 경찰서로 달려간 가족은 아버지의 모습을 보고 오열하고 말았다. 밤새 산을 넘어 어두운 산길을 헤맨 아버지의 몸은 여기저기 긁히고 멍이 들어 상처투성이였다.

한번은 아버지가 가장 좋아하는 가래떡을 잘라 간식으로 먹고 있었다. 나란히 앉아 떡을 잘라 주던 어머니가 급한 전화를 받는 틈에 아버지가 긴 가래떡을 자르지도 않고 삼키는 바람에 큰일을 치를 뻔한 적도 있었다.

하지만 아버지와 함께한 시간이 그렇게 힘들기만 한 것은 아니었다. 가족들은 아버지를 모시고 온천 여행을 계획했다. 온 가족이 함께 온천을 즐기며 맛있는 음식을 먹다 보니 여행 전에 가졌던 걱정은 사라지고 아버지의 행복한 미소만 박제되어 갔다. 그런데 아이러니하게도 여행을 갈 때마다 아버지보다 어머니가 더 좋아하셨다. 그래서 청년의 가족은 더 자주 여행을 다니며 아버지와의 추억을 쌓아 갔다. 그렇게 순간순간을 함께 지나고 넘기다 보니 어느새 25년이 흘렀고, 청년은 청춘을 건너뛰고 중년이 되었다.

중년이 된 청년은 이제야 자신을 위해 운동도 공부도 시작했다. 하지만 청년에게 어딜 가나 따라다니는 말이 있다.

"왜 지금까지 결혼 안 했어요?"

"결혼도 하고 아이도 낳아야 어른이 되지."

## 그냥 하루를 살아가다

영국에서 유학 중인 제자 혜빈이에게 메일이 왔다.

생활비를 벌기 위해 아르바이트하던 곳에서 잘리고, 한국에서 키우던 고양이마저 하늘나라로 떠났단다. 설상가상으로 2년 동안 의지하며 지내던 남자친구와도 헤어졌다.

혜빈이는 이 상황을 어떻게 버텨야 할지 몰라 주변 어른들에게 조언을 듣고 싶어 했다.

"저 어떻게 해요, 선생님? 이럴 때 어른들은 어떻게 버티나요?"

어른.

나는 아직 어른이 되지 못했다. 한참을 망설이다가 겨우 답했다.

"혜빈아, 그냥 하루를 살아."

## 작은 구멍에서 큰 그림을 보다


 밴쿠버에서 그린게이블이 있는 프린세스 아일랜드까지 꼬박 한 달 넘게 걸렸다. 어릴 적 동화에 나오는 빨간 머리 앤을 실제로 만난다는 기대에 가득 차 있었다.

 눈앞에 영롱하게 펼쳐진 초록색 잔디는 매슈 아저씨가 매일 아침 정리해 놓은 듯 깔끔했다. 관광객 사이에서 감탄이 쏟아져 나왔다. 그린게이블은 동화 속보다 훨씬 더 밝고 깨끗했다. 바로 옆 숲에서는 다이애나가 우리를 반기며 뛰어나올 것 같았다.

 늦가을의 차가운 공기 덕분에 그린게이블이 우리를 더 따뜻하게 맞아 주는 듯했다. 나는 가장 먼저 앤이 머물던 2층 다락방으로 향했다. 한국에서는 잘 볼 수 없는 꽃무늬 벽지가 고풍스러운 세련미를 더해 주었다. 그리고 드디어 앤을 찾았다. 그때였다. 갑자기 마음속에서 샹들리에가 떨어지는 소리가 났.

 "쨍그랑!"

 기대가 완전히 산산조각 나고 있었다. 앤이, 앤이, 내가 기대했던 앤이 너무 못생긴 것이다. 어릴 적 동화에서 보던 앤의 모습이 아니었다. 마치 아무 준비 없이 산타클로스의 부재를 받아들여야 하는 순간을 맞닥뜨린 것 같았다. 마음 한구석에서 파괴가 시작되었다. 한 달 넘게 달려왔기에 쉽게 발걸음이 옮겨지지 않았다. 허무함에 굳어 가는 발길을 겨우 돌려 기념품 가게로

뚜벅뚜벅 걸어갔다. 그때 가게 주인으로 보이는 할머니가 웃으며 물었다.

"안녕, 그린게이블은 어땠어?"

스무 살이 넘어 다들 나를 어른으로 대했지만, 그 순간 나는 어른답지 못했다. 나도 모르게 감춰야 할 무례함을 발산해 버렸다.

"아주 실망스러웠어요."

잔돈을 거슬러 주던 할머니가 흠칫 놀라면서 되물었다.

"아니, 왜?"

"앤이 너무 못생겼어요. 어릴 적 동화에서 보던 앤의 모습과 너무 달라요. 사탄의 인형에 나오는 처키보다 더 못생긴 것 같아요."

갑작스레 터진 웃음을 참지 못하고 그녀는 연신 웃어 댔다. 나는 삐죽거리며 가게를 나와 빈 벤치에 앉았다. 기념품 가게 할머니가 다시 오더니 내 앞에 5달러짜리 인형을 내밀었다.

"지금 당장은 아니더라도 앤도 계속 보다 보면 귀여워 보일 거예요. 그리고 그린게이블도 다시 좋아질 거예요. 너무 실망하지 말아요."

## 돌아온 탕자를 바로 세우다

"교회에 가면 한국 사람을 만날 수 있어요."

해외 생활에서 교회는 가는 차비만 있으면 모든 것이 해결되는 곳이었다. 사람, 음식 그리고 정보까지 아주 풍성한 곳이었다. 사실 나는 하나님보다 사람을 믿는 게 더 즐거웠다. 그러다 보니 우리는 방탕해졌고, 나중에는 터질 게 터지고 말았다.

어느 날 밤 호텔에서 청년들의 술 파티가 벌어졌다. 밤새 이어진 파티의 여파로 다음 날 예배에 청년들이 지각하거나 빠지는 일이 생겼다. 우리끼리 쉬쉬하며 넘기려 했지만, 하필 호텔 대표님이 같은 교회 집사님이라 소문이 삽시간에 퍼져 나갔다. 급기야 목사님 귀에까지 들어가게 되었다. 청년부 임원이었던 내게 목사님이 전화하셨다. 예상대로 목소리가 좋지 않았다.

"혹시 어제 술 파티를 벌인 청년들 명단을 줄 수 있나요?"

나는 중간에서 괜히 고자질하는 것 같기도 하고 또 청년들이 목사님에게 꾸중 들을 것 같아 잠시 망설였다.

"저, 목사님. 청년들도 반성하고 있고, 다음부터 이런 일이 생기지 않도록 임원단이 주의를 주겠습니다. 그러니까…."

그리고 말을 얼버무렸다. 긴 침묵 끝에 목사님이 말씀하셨다.

"기영 자매, 야단치려는 게 아니라 한 사람 한 사람을 놓고 기도하려고 그러는 거예요."

그때 알았다. 여전히 나는 생각이 짧다는 것을. 목사님은 이렇게 덧붙였다.

"사람은 혼자일 때 바로 설 수 있어야 나중에 둘이 되어서도 바로 설 수 있어요. 지금 청년일 때 똑바로 서는 법을 알아야 결혼해서도 똑바로 설 수 있어요."

## 값없이 내어 주다

"혼자 있을 때 아프면 제일 서럽다."

그건 아픔보다 서글픔에 더 가까웠다. 일주일 내내 극심한 스트레스를 받고 있었다. 화장실을 제대로 가지 못했다. 이런 부끄러운 고회를 속 시원하게 말할 수도 없어 답답하기만 했다.

비용과 부끄러움을 감수하고 병원에 가야 할 것인가, 혹은 구급약으로 조금 더 버텨 볼 것인가. 매일 매일 선택의 기로에서 씨름했다.

미리 낸 학비가 아까워 겨우겨우 아픈 몸을 이끌고 학교에 갔다. 첩첩산중이었다. 말이 빠르기로 소문난 콜린 교수님의 수업을 생으로 버텨야 했다. 수업을 마치고 출결 체크하러 온 나를 보더니 교수님이 대뜸 이마에 손을 댔다.

"열이 많이 나는데, 집에 혼자 갈 수 있겠어?"

그때 파편이 된 기억이 하나 떠올랐다. 어린 시절 친구가 대나무에 찔려 피를 흘리고 있을 때 저 멀리서 자전거를 타고 오는 사람을 보며 가장 먼저 떠올린 말이 있었다.

'어른이다!'

나는 교수님 앞에서 완전히 무너졌다. 전자사전을 뒤적이며 나의 증상과 주머니 사정까지 다 말해 버렸다.

"일단 집으로 가자."

교수님은 나를 태우고는 먼저 약국에 들러 약을 사 주었다.

그리고 그녀의 집에 잠깐 들러 뭔가를 한가득 들고나왔다. 이후 우리 집 앞에 도착하자 정중하게 물었다.

"내가 너희 집에 잠깐 들어가도 될까?"

집 안에 들어서자 교수님은 식탁 위에 가방을 내려놓고는 사 온 약을 꺼냈다. 좌약이었다. 그녀는 설명서를 보여 주며 말했다.

"아주 간단해. 이대로만 하면 돼. 내신 변기 사ㅆ이에서 해야 해."

살고 싶은 절박함에 나는 잠시 부끄러움을 잊었다. 좌약을 건네받고 한참 동안 화장실에 머물렀다. 그 사이 그녀는 수프를 끓여 놓았다.

"괜찮니? 수프는 충분히 식었어. 네가 시간을 엄청 벌어 줬거든."

그제야 부끄러움을 되찾은 나는 교수님을 제대로 보지 못했다.

"약 먹고 푹 자면 한결 나아질 거야. 나도 스트레스 잔뜩 받으면 비슷한 증상이 생기거든. 그리고 이건 꿀이고, 이건 해초 가루야. 아침마다 한 스푼씩 떠서 꿀이랑 섞어서 먹으면 돼."

며칠 후 나는 호전된 몸으로 교수님을 찾아갔다. 그녀는 어린 시절 친구를 병원에 데려다주고 유유히 사라진 어른을 다시 떠올리게 했다.

"그저 아픈 생쥐 한 마리를 잠깐 돌봐 준 것뿐이야. 너도 나중에 그런 생쥐를 발견하거든 잠깐 돌봐 주면 돼."

## 롤 모델이 되다

내가 자주 가는 카페 사장님은 나의 롤 모델이다.

나는 그녀처럼 나이 들고 싶다.

카페에는 손님이 많지 않았지만, 그녀는 개의치 않는다.

1층에는 작은 정원이 있고 2층과 3층에는 개인 공간이 있다. 물론 그녀는 꼬마 빌딩의 소유주다.

우선 경제적으로 이런 노후를 보내고 싶다. 1층에는 작은 작업실 겸 카페가 2층에는 개인 공간이 있는, 대출 없는 나만의 건물을 갖고 싶다. 또 카페 옆 작은 텃밭은 친구에게 내어 주고 싶다. 여름 볕에 상추, 깻잎 등을 가꾸는 친구는 더위를 식히기 위해 카페로 올 것이다. 그녀와 시원한 커피를 마시며 세상살이는 조금, 점심 메뉴 결정은 심오하게 나눌 것이다. 가끔 들르는 조카와 친구의 딸에게 삼겹살을 구워 주고 텃밭에서 따 온 채소를 곁들여 구수한 된장찌개도 끓여 줄 것이다. 그들이 물어보지도 궁금해하지도 않는 이야기는 절대로 하지 않을 것이다.

화이트로 된 그녀의 카페는 엔틱한 가구들이 목가적인 느낌을 더해 준다.

또 그녀는 떨어진 꽃 한 송이, 빈 병 하나도 허투루 버리지 않고 예쁘게 잘 활용한다. 먼 훗날 나도 그녀처럼 낯선 이에게 따뜻한 차를 내어 주고, 어린아이에게 조언을 구하며, 소외된 사람과 친구가 되어 주고 싶다.

  무명 작가의 책으로 하루를 색칠하고,

  정성껏 만든 음식을 대접하고,

  눈물도 많고, 정도 많고, 베풂도 많지만

  말에는 화가 없고, 마음에는 이기심이 없으며, 행동에는 가벼움이 없다.

  산책하는 동네 노인을 위해 가장 포근하게 볕이 드는 곳에 벤치를 놓아두고,

  여름이면 세척하다가 골병든다는 청귤 차를 만들어 한 잔씩 건네며 인사한다.

  '오늘도 복 많이 받으세요!'

  잘 가꾼 정원을 아들과 팔짱을 끼고 걷기도 하고,

  멀리 있는 딸과 다정히 영상 통화하며 새로 핀 꽃을 보여 주며,

  그녀의 얼굴도 활짝 피어난다.

  나도 그녀처럼 그렇게 활짝 피어나고 싶다.

> 아이는 부모의 등을 보고 자라고,
> 어른이 된 우리는 서로 마주 보며 자란다.

PART 2. 사람
끝.

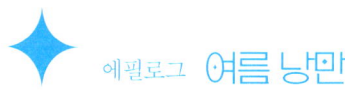
에필로그 여름 낭만

날씬한 부자를 존경하게 되었다.

잘할 수 있는 일(강사), 해야 하는 일(집안일), 그리고 좋아하는 일(기록디자이너)을 하고 있다. 세 가지 일을 한꺼번에 하고 있음에도 살은 빠지지 않았고, 부자가 되지도 않았다. 정말이지 날씬한 부자가 되는 건 여간 어려운 일이 아닌 것 같다. 그래서 나는 다시 여름 낭만가가 되기로 했다.

아침 9시, 카페로 출근했다.

아이스아메리카노를 주문하고 노트북을 열었다.

무선 이어폰을 귀에 꽂고, 베이지 멜로의 음악을 틀었다.

잔잔한 피아노 선율을 따라 100인을 찾아다녔다.

잠시 멍하니 창밖을 바라보다가, 다시 키보드를 두드리다가, 또다시 창밖을 바라보기를 반복했다. 이렇게 나의 여름이 가고 있었다.

여름의 끝을 잡기 위해 최종 원고를 제주도에서 마무리하기로 했다.

"제주도까지 가서 놀지도 못하고 글을 써야 해?"

"응, 그런데 정말 낭만적이지 않아? 제주도에서 글을 쓴다는 게 말이야."

그때까지만 해도 나의 여름 낭만에 자부심이 있었다.

하지만 안타깝게도 제주도에서도 최종 원고를 제출하지 못하고, 끝내 중국 칭다오까지 끌고 오게 되었다.

"중국까지 가서 글을 또 써야 해?"

사실 울고 싶었다. 마감은 하루 남았는데 글은 엉망이고, 노트북까지 말썽이었다.

그때 '재능 없음'을 선포했다. 그리고 다시는 책을 내지 않겠다고 다짐했다.

그렇게 깨져 가는 자신에게 생채기를 내고 있을 때였다.

"책은 언제 나와요?"

"저는 작가님 책만 기다리고 있어요."

"이번에는 꼭 사서 읽을게요."

이 한마디 한마디가 나를 다시 끌어 올려 주었다.

그리고 원고 마감을 미룰 때마다 너그럽게 품어 준 담다 출판사 대표님의 응원에 다시 한번 힘을 내어 여기까지 오게 되었다.

2025년 나의 여름 낭만은

이렇게 100개의 삶에 묻혀 갔지만,

이 글을 끝까지 읽어 준 그대들이 나를 다시 꺼내 주길 바란다.

여름 낭만가
**이기영**